스토리가 스펙을 이긴다

스토리가 스펙을 이긴다
스토리가 스펙을 이긴다
스토리가 스펙을 이긴다
스토리가 스펙을 이긴다
스토리가 스펙을 이긴다
스토리가 스펙을 이긴다
스토리가 스펙을 이긴다
스토리가 스펙을 이긴다

최고 the best **가 아니라, 유일함** the only **으로 승부하라!**

김정태 지음

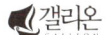
갤리온
GALLEON

이 책의 저자를 알아온 지도 거의 10년이 됐다. 그를 만날 때마다 그에겐 스토리가 넘쳤다. 그리고 그는 그 스토리를 하나씩 실행해나갔다. 스토리텔러(story teller)와 스토리두어(story doer)는 다르다. 스토리두어에게는 반드시 새로운 기회가 찾아오고, 새로운 일이 생긴다. 그의 스토리를 들어보니 왜 역사(History)는 '그의 스펙(his spec)'이 아니라 '그의 이야기(his story)'인지 보다 명쾌해졌다.

: 고려대학교 경영학과 이장로 교수, 한국리더십학교장

취업을 앞둔 이들에게는 넘어야 할 거대한 산이자, 구직에 실패한 이들에게는 신세 한탄의 도구인 '스펙'. 하지만 대기업의 채용 담당자로서 분명히 밝히건대, 스펙 그 자체는 채용의 기준으로서 전혀 의미가 없다. 중요한 것은 스펙을 구성하고 있는 다양한 요소들이 특정 기업 특정 직무에 어떤 도움이 되는가이다. 현명한 구직자는 남들과 차별화된 능력을 준비하여 이를 채용 장면에서 효과적으로 설명하는 사람이다. 이 책은 그 현명함에 이를 수 있도록 안내하는 훌륭한 길잡이가 될 것이다.

: SK그룹 채용 총괄 담당 전종민 PL

소위 말하는 스펙이라는 것이 사실 취업에 큰 실효성을 갖지 못한다는 것을 아는 대학생은 그리 많지 않다. 왜곡된 정보가 난무하는 취업 시장에서 저자가 이야기하는 스토리의 힘은 그래서 더욱 탁월하다. 특히 젊은 세대에게 전하는 통찰력 있는 미래 비전과 따끔한 일침이 값지고 소중하다.

: 대학내일 대학문화연구소 신익태 소장

저자는 이 시대의 젊은 리더이다. 그가 보낸 20대는 꿈을 꾸는 스토리로 점철되어 있다. 수많은 도전을 통해 그는 스펙보다 튼튼한 스토리를 만들어냈고, 코피 아난과 반기문 유엔사무총장까지 그를 유능한 인재로 인정하게 했다. 이 책은 대한민국의 젊은 인재들에게 나침반 역할을 해줄 것이다.

: 소셜 컨설팅 그룹 고영 대표, 딜로이트 컨설턴트 부장

자신만의 고유한 포지셔닝을 통해 '나'라는 상품을 브랜드화하고, 인생에서 '나'라는 유니크한 작품을 만들어가야 할 젊은이들에게 추천하고 싶다. 스스로를 되돌아보게 하고 실질적인 준비를 돕는 매우 실용적인 가이드북이다.

: 국제백신연구소 손미향 자원개발마케팅 본부장

말 그대로 스펙 열풍이다. 그런데 왜 현장의 인사 담당자들 사이에서 스펙 무용론이 퍼지고 있는 걸까? 궁금증은 책을 읽어나가며 이내 해결됐다. 스펙 쌓기에 여념 없는 취업준비생뿐만 아니라 승진에 여념이 없는 나 같은 직장인에게도 이 책은 방향타가 되기에 충분하다.

: 국민일보 김성원 기자

차례

추천의 글 -- 004
프롤로그 | 스펙 vs 스토리 ------------------------------ 011

PART ONE
스펙 열풍 시대, 왜 승자는 따로 있는가?

: 스펙이 흔들리고 있다 ---------------------------------- 021
: 스펙 열풍 시대, 왜 승자는 따로 있는가? ---------------- 026
: 무스펙 대학생의 대기업 취업 스토리 -------------------- 031
: 스펙으로는 그들의 초대를 받을 수 없다 ----------------- 035
: 이력서 밖으로 행군하라 -------------------------------- 040
: 세상은 당신의 스토리를 원하고 있다 -------------------- 044
: 최고가 아니라 유일함으로 승부하라 --------------------- 047
: 스토리 자본과 스토리 지수에 투자하라 ------------------ 051
: 직(職)과 업(業)을 구분하라 ---------------------------- 055
: 반드시 업(業)이 직(職)을 부를 것이다 ------------------ 058

PART TWO
스토리가 스펙을 이긴다

: 끌리는 사람은 스토리가 다르다 ------------------------- 065
: 스토리는 기회를 부른다 -------------------------------- 069
: 사람들은 스펙보다 스토리를 기억한다 ------------------- 073
: 스토리는 실패를 환영한다 ------------------------------ 077
: 조직은 스펙보다 스토리를 원한다 ----------------------- 082
: 당신을 뽑아야 하는 이유? 바로 스토리다! --------------- 088

PART THREE
당신의 스토리는 어떻게 평가되는가?

: 튼튼한 스토리는 역량이 생생하다 —————————— 095
: 취업을 위한 역량 개발법과 역량 구성법 ————————— 099
: 역량 면접에 대비하는 효과적인 방법 ————————— 105
: 역량의 기초 1. Reading 읽고, 읽고, 또 읽어라 ——————— 110
: 역량의 기초 2. Writing 당신의 하루를 기록하라 ——————— 114
: 역량의 기초 3. Doing 스토리텔링에서 스토리두잉으로 진화하라 ——— 118

PART FOUR
스토리의 뼈대를 이루는 8가지 핵심 역량

: 커뮤니케이션 Communication 청자 중심의 의사소통을 연습하라 ——— 125
: 팀워크 Teamwork 조직이 탐내는 인재의 조건 ————————— 129
: 책임성 Accountability 전 유엔사무총장 다그 함마숄트에게 배우기 —— 132
: 창의성 Creativity 창조적으로 단절하기, 새롭게 조합하기 ————— 136
: 기획과 조직 Planning and Organizing
  아이디어와 실행은 결코 분리될 수 없다 ————————— 140
: 고객 지향 Client Orientation 지금 당신의 고객은 누구인가? ——— 144
: 기술 지식 Technological Awareness 문제 해결사가 되어야 한다 —— 148
: 자기 학습 Committment to Continuous Learning
  학습은 가능성을 홍보하는 가장 좋은 방법이다 ———————— 152

PART FIVE
지금 당장 당신의 스토리를 시작하라

- 1단계 스토리의 시작, 근원적 체험 ─── 159
- 2단계 뽀빠이 모멘트를 체험하라 ─── 163
- 3단계 거룩한 불만족을 찾아라 ─── 167
- 4단계 에피소드를 수집하라 ─── 171
- 5단계 비상한 머리보다는 더러운 손 ─── 175
- 6단계 가장 작은 곳에 포커스를 맞춰라 ─── 179
- 7단계 지구적으로 생각하고, 개인적으로 행동하라 ─── 183
- 8단계 전파하고 요청하라 ─── 188
- 9단계 온라인 부동산에 투자하라 ─── 193
- 10단계 다른 사람의 스토리를 도와라 ─── 198

PART SIX
성취를 부르는 스토리 활용법

- 스토리를 취직에 활용하는 법 ─── 205
- 스토리를 프로젝트에 활용하는 법 ─── 211
- 스토리를 일상 업무에 활용하는 법 ─── 216
- 스토리를 마케팅에 활용하는 법 ─── 221
- 스토리로 가치를 전파하는 법 ─── 225

PART SEVEN
당신은 보이는 것보다 크다

: 한국의 청년, 우리는 왜 빈곤한가? ——— 233
: 위험한 사람이 되자 ——— 236
: 자기 계발과 인간 개발은 다르다 ——— 240
: 화려한 G세대의 88만원적 현실 ——— 245
: 우리는 스스로에게 기회를 주는가? ——— 249
: 내가 변화시킬 수 있는 사람은 오직 나 자신뿐이다 ——— 251
: 우리는 보이는 것보다 더 크다 ——— 255
: 삶의 전략으로서의 소유와 존재 ——— 260
: 진정한 기업가 정신이 필요하다 ——— 265

PART EIGHT
변화하는 세상, 스토리는 생존이다

: 신발 끈을 다시 묶어라 ——— 271
: 무엇을 준비할 것인가? ——— 275
: 나만의 보폭으로 걷자 ——— 280
: 선택은 온전히 나의 몫이다 ——— 285
: 주변의 메시지를 의심하라 ——— 289
: 다수가 선택한 길이라고 안전하란 법은 없다 ——— 291
: 어디에서 일하는가보다 어떤 사람인가가 중요하다 ——— 297
: 때로는 길을 벗어나도 좋다 ——— 303

: 에필로그 ——— 309
: 지은이 후기 ——— 317

스펙 vs 스토리

두바이의 7성급 호텔 vs 마닐라 호텔

"사막에 스키장이 들어섰다." 전 세계가 창조 경영의 사례로 칭송한 두바이의 대표적 홍보 문구이다. 얼마 전 출장길에 들렀던 두바이에서, 나는 시간을 내어 반나절 투어에 참석했다. 첫 느낌은 도시 전체에 강력한 온풍기를 틀어놓은 것 같았다. 다양한 국적의 사람들이 20명가량 탑승한 버스는 가이드의 안내에 따라 두바이의 중심거리를 힘차게 달렸다. 사람들은 거의 대부분 두바이가 처음이었다.

가이드는 약간 흥분한 목소리로 차창 밖 풍경을 안내했다. "지금 여러분의 왼쪽에 보이는 것은 세계 최초의 자기부상 열차입니다. 한 시 방향을 보세요. 세계 최대의 쇼핑몰입니다." 가이드의 말에는 항상 '세계 최고', '세계 최대', '세계 최초'라는 수식어가 따라붙었다. 친절하게도 그는 그 신기록을 매년 두바이가 다시 갱신한다고 덧붙였고, 그 주기는 석 달에 불과하다고 강조했다. 어느덧 우리의 시야에 세계 유일의 7성급 호텔이 들어왔다.

처음에는 탄성을 지르며 좁은 버스의 창문에 달라붙어 구경하던 승객들은 갈수록 미동도 하지 않았다. 어느 도시의 빌딩보다 높으며, 또 어느 나라의 호텔보다 화려하고, 그 어떤 기업보다 먼저 시도한 기술이라는 설명에 사람들은 지쳐 갔다. 그 도시에는 아무런 스토리도 없었다. 그리고 머지않아 세계 최초, 최고, 최대의 기록들은 다른 나라, 다른 도시, 다른 기업에 의해 갱신될 것이었다.

과연 두바이의 스토리는 무엇일까? 그 투어에 참여했던 사람은 다시 투어에 참여하고 싶을까? 두바이가 매년 갱신하는 기록이 무엇인지 듣기 위해서? 2009년이 마무리되어 가는 겨울, 두바이의 주가폭락 소식이 전해졌다.

두바이를 다녀오고 나서 몇 개월 후 필리핀 마닐라로 출장을 떠났다. 숙소는 마닐라 호텔. 처음 들어본 곳이다. 하지만 그곳은 나의 호기심을 자극했다. 방에 도착해 짐을 풀고 소파에 앉아 이리저리 방안을 둘러보다가 테이블 위에 놓인 작은 책갈피 하나를 발견했다. 책갈피에는 "It's a good story if it is like the Manila Hotel."이란 문구가 적혀 있었다. "만약 마닐라 호텔과 같다면, 그것은 좋은 이야기다" 정도로 해석할 수 있을 것이다.

호기심에 이끌려 뒷면에 적혀 있는 내용을 읽어봤다. 알고 보니 앞면에 적혀 있던 그 말은, 좋은 소설이란 무엇이냐는 기자들의 질문에 대한 헤밍웨이의 답변이었다. 도대체 어떤 호텔이 좋은 이야기와 같을 수 있을까? 지금으로부터 1백여 년 전에 세워진 마닐라 호텔은 미국 아이젠하워 대통령을 비롯하여 비틀즈, 존 웨인, 로버트 케네디 등 수많은 명사들이 묶었던 곳이다. 전쟁으로 인한 손상과 세월의 흔적으로 건물은 예전보다 낡았는데도 이 호텔은 정성어린 서비스와 그만의 역사가 있어 전 세계의 여행자들을 불러 모은다고 한다. 호텔 로비에는 이국적인 샹들리에부터 필리핀 민속 의상을 입은 호텔 직원들까지 투숙객들에게 하나의 멋진 스토리를 선사하고 있었다. 로비에 편안한 가죽소파가 펼쳐져 있고, 그곳에 앉아 있으면 나도 헤밍웨이처럼 이곳에 다시 와서 책을 읽거나, 글을 쓰고, 이곳 사람과 이야기를 나누고 싶다는 그런 생각 말이다.

최고 vs 유일

두바이의 7성급 호텔과 마닐라 호텔은 우리에게 두 가지 다른 방식의 삶을 암시한다. 첫 번째 모델은 대단한 것처럼 보이지만, 취약한 약점을 지니고 있다. 아마 두바이의 호텔은 머지않아 '세계 최초', '세계 최고'의 타이틀을 잃어버리게 될 것이다. 현대의 자본과 기술은 항상 '더 좋은 것'을 만들어내기 때문이다. 비교와 경쟁을 통한 승리는 오래가지 못한다.

하지만 전 세계 어떤 호텔도 '마닐라 호텔'의 이야기를 빼앗을 수는 없다. 마닐라 호텔은 영원히 'It's a good story'라는 이야기를 사람들과 나눌 것이다. 스토리에는 경쟁이 없다. 스토리는 외부 상황에 영향을 받지도 않는다. 스토리는 "나는 이것이 부족해. 나에게는 이것이 없어"가 아니라, "나에겐 이것이 있어. 나는 이것을 잘해"라는 자기 긍정에서 출발하기 때문이다. 마닐라 호텔은 세계 최초의 호텔도, 세계 최대의 호텔도, 세계 최고의 호텔도 아니다. 그러나 마닐라 호텔은 세계에 단 하나밖에 없는 유일한 호텔이다. 그리고 지금 이 순간에도, 세계의 관광객들은 마닐라 호텔에서 세계 유일의 이야기를 즐기고 있다.

스펙 정신 vs 스토리 정신

나는 스토리가 스펙을 이긴다고 확신한다. 스펙이 성공을 보장하던 시대가 있었다. 그러나 우리가 살아가는 오늘은 분명 변했다. 스펙이 흔들리고 있다. 이미 변화하는 현실에 적응하지 못하고, 과거의 틀과 시각을 고수한다면 더 큰 고통을 맞게 될 것이다. 이 책에서는 특히 한국 사회의 변화를 청년들이 인지하고, 이미 더 이상 지탱하지 못하는 과거의 신화에서 벗어나기 위해 필요한 내용을 담았다. '최고'를 위해 스펙을 따라 무한 경쟁에 돌입하지 말고, 자신만의 유일한 '스토리'를 따라 빛나는 존재로 살아가라는 것이다.

치열한 사회에 살아남기 위해 강조하는 스펙은 비단 대학생이나 취업 준비생들만의 전유물은 아니다. 이 사회에 살아가는 누구에게나 스펙이라는 꼬리표가 따라다니게 되어 있고, 마치 항공화물을 부치는 것처럼 그 스펙에 따라 목적지가 자동으로 결정된다고 믿는다. 그렇다. 어느 정도는 사실이다. 스펙은 결국 자신을 상품으로 간주해 화물칸으로 옮길 것이기 때문이다. 하지만 스토리는 자신을 상품이 아닌, 살아있는 작품으로 만들어 비행기 객실로 인도한다.

여기서 말하는 스펙이란 넓은 의미의 '스펙 정신'을 의미한다. 사실 많은 직장인들이 하는 경력 관리도 스펙 관리이지 않는가. 스펙 정신이란 '1등'을 위해 나와 당신이 항구적으로 경쟁해야 하며, 성공과 실적 등과 같은 특별한 일들이 삶에 중요하다고 믿는다. 반면 '스토리 정신'은 그것이 실패이든 성공이든 삶의 모든 요소는 나름대로 삶을 윤택하고 흥미롭게 만드는 것으로 본다. 그리고 너와 내가 함께 '주연'을 맡을 수 있다고 말한다.

우리에겐 왜 스토리가 필요할까? 그 질문에 답하기 위해 먼저 우리에게 일어난 사회 경제적 변화를 살펴야 할 필요가 있다. 또한 우리는 왜 스펙에 매달리는지, 우리의 빈곤, 특히 청년의 빈곤과 기회의 빈곤은 어디에서 비롯되는지 생각해볼 것이다. 그리고 왜 스토리가 스펙을 이길 수밖에 없는지와, 개인의 삶을 성취로 이끄는 것은 결국 스펙이 아닌 스토리라는 점을 설명할 것이다. 스토리는 개인의 경험이 모여서 획득되는 하나의 장엄한 서사라는 것을 이야기할 것이다.

스토리가 스펙을 이긴다

내가 스펙과 스토리에 관한 강연을 할 때면, 가장 먼저 소개하는 사람이 있다. 바로 생사의 엇갈림 속에서도 삶의 의미를 잃지 않았던 아름다운 사람, 나치의 강제 수용소라는 절망의 상황에서도 세상의 빛이 되는 이야기로 세계인에게 감동을 준 《죽음의 수용소》의 저자 빅터 프랭클린 박사다. 그는 이렇게 말한다.

"산다는 것은 바로 질문을 받는 것입니다. 우리 모두는 대답해야 하는 자들입니다. 삶에 책임지고 답변하는 것 말입니다." 다소 엉뚱한 이야기라 생각할지 모르겠지만, 그의 이야기는 취업의 본질을 꿰뚫고 있다. 아니 삶의 본질이라 해야 더 옳은 말일 것이다. 그렇다. 산다는 것은 바로 질문을 받는 것이다. 취업도 인생의 한 과정이기에 마찬가지다. 당신은 삶이 던지는, 혹은 면접관이 던지는 질문에 어떤 대답을 할 것인가? 취직도, 승진도, 사랑도, 연애도, 인생의 모든 과정은 바로 질문과 대답의 과정이다.

나는 그 대답이 단순히 '예' 또는 '아니오'라고 생각하지 않는다. 그 물음에 대한 대답이 바로 당신만의 스토리이다. 그것은 결코 스펙이 대신할 수 없는 절대적인 그 무엇이다. 스토리는 곧 우리의 삶 자체이기 때문이다. 나만의 스토리를 만들겠다는 것은 내 삶에 충실하겠다는 의지이며, 사람을 끌리게 만드는 스토리는 바로 충실한 삶의 증거이다. 사람들은 그런 스토리가 있는 사람과 함께 일하고 싶어 하고, 함께 성취하고, 함께 기뻐하고 싶어 한다. 스토리는 사람의 가능성을 신뢰하게 만드는 유일한 힘이다. 그래서 스토리가 있는 사람에게는 기회가 찾아오기 마련이다.

스토리가 스펙을 이긴다. 아니 더 정확하게 표현하자면, 스토리는 스펙을 이길 수밖에 없다. 당신에겐 당신만의 이야기가 있는가, 지금 그 이야기를 만들기 위해 노력하고 있는가, 혹시 지금도 다른 사람과 자신을 비교하고, 혹은 주변 상황을 살피고, 환경을 탓하는 데 시간을 낭비하고 있지는 않은가. 나는 자신을 긍정하고, 지금 당장 자신만의 이야기를 만들어가라고 이야기해주고 싶다. 당신은 보이는 것보다 크다..

PART ONE

스펙열풍시대,
왜 승자는 따로 있는가?

스펙이 흔들리고 있다. 화려한 스펙이 지루하다. 기업들에서는 스펙 무용론이 확산되고 있다. 세스 고딘은 《보랏빛 소가 온다》라는 책에서 '리마커블(remarkable)'이란 '얘기할 만한 가치가 있는 것'이라 정의한다. 주목할 만한 가치가 있고, 예외적이고, 새롭고, 흥미진진하다는 뜻이다. 그것이 바로 보랏빛 소다. 따분한 것들은 눈에 보이지 않는다. 마치 아주 평범한 누런 소와 같다. 하지만 사람들이 보랏빛 소가 되는 것을 주저하는 이유는 무엇일까? 세스 고딘은 그 이유는 '사람들이 두려워하기 때문'이라고 말한다. 따분한 건 실패로 귀결된다. 그리고 따분한 것이야말로 언제나 가장 위험한 전략이다.

스펙이 흔들리고 있다

　스토리를 만드는 데 필요한 대부분의 시간과 에너지가 스펙으로 흘러가고 있다. 스토리는 약해지고 스펙은 풍성해진다. 과연 화려한 스펙이 원하는 결과를 가져다줄까? 스펙에는 절대 만족이란 있을 수 없다. 옆 사람이 쉬지 않는 한, 내 스펙 쌓기도 멈출 수 없다. 또한 스펙은 액면가 그대로를 인정받지 못한다. 그래서 100점의 액면가를 받기 위해선 150점 정도는 만들어야 한다. 스펙을 쌓는 우리도 알고 있고, 채용을 담당하는 인사담당자도 다 아는 사실이다. 한 인사 관계자는 "스펙대로 일할 수 있는 사람이 있다면 무조건 뽑는다"라고 큰소리친다. 그런 사람을 수년 동안 찾아봐도 찾아볼 수 없었다는 그는 "스펙은 그저 스펙일 뿐"이라고 잘라 말한다.

한 외국계 회사가 고심 끝에 두 사람을 채용했다. 한 사람은 유럽의 유명대학에서 MBA를 획득했고 4년간 직장경험이 있었다. 또 다른 한 사람은 같은 분야에서 7년간 직장생활을 해왔다. 이들 중 급여가 천만 원이 더 많게 우대를 받은 사람은 '7년간의 직장생활'을 했던 후자였다. 해당 회사의 인사담당자는 "단순히 스펙을 더 많이 쌓았다고 돈을 더 주던 시대는 지났다"라고 말한다.

과잉 자격의 덫

국내에서 석사를 한 사람이 해외에 가서 또 석사 학위를 획득하고 한국에 돌아온다. 토익 900점인 사람이 다시 주말마다 공부를 해서 30점을 추가 획득하여 930점이 된다. 문서 작성과 기타 오피스 프로그램에 자유자재인 친구가 굳이 워드프로세서 자격증이 필요하다고 한다. 이력서에 나오는 자원봉사와 경력을 보면 일정이 겹치는 것이 많다. 동일한 기간에 여러 자원봉사와 프로젝트를 진행하기 때문이다. 모두 '과잉 자격(over-qualification)'이다. 선배들이 잘 알려주지 않았던 과잉 자격은 실로 무서운 덫이다.

공자에게 자공이 "자장과 자하 중 어느 쪽이 어집니까?"라고 물었다. 공자는 "자장은 지나치고 자하는 부족하다"라고 대답했다. 이를 자공이 "그럼 자장이 낫다는 말인가요?"라고 확인한다. 경망하지만 잠시 끼어들어보자. 스펙은 어떤 것이 더 낫습니까? 공자의 대답은 '과유불급' 즉, '지나친 것은 미치지 못한 것과 같다'였다.

과잉 자격이란 '내게 필요한 적정 수준의 자격 기준을 초과한 상태'를 말한다. 과잉 자격을 갖추느라 애쓰기보다는 적당한 스펙으로 관련된 직장에 들어가서 경력을 쌓는 것이 더 좋다. 외국계 회사의 사례처럼 직장 경력 3년은 '완벽한 스펙'보다 경쟁력이 높다.

입사를 미루고 더 완벽한 스펙을 마련해서 더 좋은 곳에 가겠다고 1년 혹은 2년 동안 허둥지둥한다. 그러는 사이 영어 시험은 유효 기간이 끝나고, 시험을 다시 치러야 한다. 어떻게든 원하는 곳에 지원해보지만 난공불락이다. 결국에는 1~2년 전의 스펙으로도 지원 가능했던 곳으로 발걸음을 옮긴다. 여기서도 고전이다. 스펙의 천적은 나이이기 때문이다. 조직에서 제일 기피하는 사람은 '나이는 많은데, 실무 경력 없이 스펙만 두둑한 사람'이다. 눈높이를 낮추자니 나도 힘들다. '완벽한 스펙'에 맞는 채용 공고를 확인해보니 경력 사원 채용만 눈에 띈다. 경력은 없다. 스펙은 높다. 아뿔싸. 과잉 자격의 덫에 걸렸다.

history는 his spec이 아니라 his story다

과잉 자격의 함정을 피할 수 있는 방법은 나만의 능력을 개발하는 것이다. 그리고 가능하다면 실무 역량을 쌓아가는 것이다. 최근에는 신입사원보다 경력사원에 대한 수요가 많기에, 비록 자신이 가장 원했던 곳이 아니더라도 입사하여 일단 실무 경력을 일정

기간 쌓은 후에 정말 원하는 회사에 재도전하는 것이 유리하다.

이를 위해서는 내 업(業)은 무엇이며, 그 업을 따라 만들어갈 스토리는 어떤 것인지 대한 생각이 선행되어야 한다. 그것을 모르니 처음에 들어가는 '직(職)'을 제일 중요하게 생각하고, 어디까지가 적정한 스펙인지도 모른 채 자신의 모든 가용 자원을 스펙 쌓기에만 쏟아 붓게 된다. 스토리는 스펙이 없어도 어느 정도 비행이 가능한 쌍발기이지만, 스토리가 없는 스펙은 한번 엔진이 꺼지면 추락하고 마는 단발기이다.

서강대학교는 2011학년부터 모든 지원자의 고교시절 해외봉사활동 기록을 인정하지 않기로 결정했다. 국내 봉사활동도 최대 20시간까지만 인정된다. 이러한 결정이 이루어진 데에는 봉사시간 1000시간을 보내온 학생, 봉사활동증명기록을 사과상자에 가득 채워 보낸 학생, 색다른 봉사경력을 위해 아프리카, 남미 오지까지 다녀온 학생 들이 한몫했다. 이제 스펙으로서의 봉사활동은 더 이상 인정되지 않는다. 차라리 그 시간에 자신의 스토리를 개발하는 것이 입학전형에 더 유리할 것이다.

2009년 언론에 공개된 47개 대학 입학사정관제도를 통한 대학 합격자 사례에서도 비슷한 결론이 도출된다. 입학사정관들은 "수상 경력은 스토리와 결부될 때만 인정받을 수 있었다"며 뜬금없는 스펙은 오히려 독이 될 수 있다고 경고했다. 입학사정관들이 선발위원회에 전달한 학생별 의견서에는 주로 '수험생이 갖고 있는 자신만의 스토리'가 적혀 있었다. 수상 경력이 없더라도, 특정 분야를 선택하고 노력한 과정을 잘 드러낸 학생은 합격되었지만, 화려한 경시대회 입상과 특이한 봉사활동으로 지원서를 도배한 학생들 중에는 불합격자가 속출했다. 과잉 자격의 함정에 빠진 결과를 여실히 보여주었다.

채용을 진행하는 기업과 기관은 저마다의 기준이 있다. 그 기준이 과연 '최고의 스펙'일까? 안타깝게도 그렇지 않다. 인턴 채용 등에 관여하다 보면, 나를 깜짝 놀라게 하는 스펙들이 많다. 그런데도 채용하는 입장에서는 그런 스펙은 '대단하다'라는 관상용 스펙에 그치는 경우가 많다. 채용되는 사람은 우리 조직이 원하는 것을 해줄 수 있다는 믿음을 보여준 사람이다. 우리 조직과 관련된 주제에 대해 논문이 있는지, 프로젝트에 참가해본 적이 있는지, 관련된 수업을 들었는지 여부가 중요하다. 이런 요소들은 자신의 업과 스토리가 무엇인지 모르는 사람은 절대 만들어낼 수가 없다.

그렇다면 어떻게 믿음을 보일 것인가? 상대에게 신뢰를 주는 가장 빠른 길은 개인의 역사(history)를 보여주는 것이다. 그 역사는 바로 그의 스펙(his spec)이 아니라, 그의 이야기(his story)이다.

스펙 열풍시대, 왜 승자는 따로 있는가?

취업을 앞두고 있는 대한민국 청년이 하루에 가장 많이 듣거나 보거나 말하거나 생각하는 단어가 있다면 단연 '스펙'일 것이다. 스펙이란 단어는 영어 단어 'Specification'에서 나왔다고 한다. 이는 해당 제품에 대한 여러 조건들을 상세하게 기술한 설계지시서 또는 제품설명서를 뜻한다. 따라서 '스펙이 강하다', '스펙이 좋다'라는 말은 다른 제품이 가지지 못한 추가기능이 있거나 뭔가 특별한 기능들이 있음을 뜻한다. 요즘 나오는 LCD 모니터 중에는 TV 수신이 기본적으로 가능한 것도 있다. 이럴 경우 하나의 기능이라도 더 추가된 그 모니터를 구입할 확률이 높아질 것이다.

"한 번의 선택이 10년을 좌우합니다"라는 캐치프레이즈로 유명한 한 회사의 컴퓨터 모니터를 2006년에 구입해 사용했다. 그러다가 이 책을 한창 쓰던 도중 갑자기 화면이 뜨지 않고, 이상한 줄들만 보여서 애프터서비스 기사를 불렀다. "부품만 있으면 수리가 가능해요. 그런데 모니터 같은 경우는 부품 의무 확보 기간이 3년인데, 고객께서는 5년 정도 되셨으니 꽤 오래 쓰셨네요." "10년은 써야 하는 것 아니에요?"라고 물었더니 "요즘 제품이 워낙 빠르게 신상품이 나와서 3년 정도가 적정 수명이라고 보시면 돼요."라고 한다. '10년'을 생각하고 샀던 모니터였는데, 기분이 좋지 않았다. 괘씸해서 '다른 회사 제품을 사야지' 하며 여러 차례 인터넷 서핑을 하다가 결국 내가 구매한 것은 동일한 회사제품이었다. 회사는 둘째 치고 적정 가격에 디자인이니 기능이 마음에 들었기 때문이다. 회사가 마음에 안 들어도 제품은 구매할 수 있다는 것을 깨달았다. 그리고 사람이 별로라도, 가치를 추구하지 않아도, 스펙만 좋으면 '뽑힐 수 있겠구나'라는 생각도 들었다. 우리가 스펙에 집중하는 이유다.

스펙은 항우울제에 불과하다

스펙은 인간을 제품화하며, 제품화는 필연 서열화로 이어질 수밖에 없다. 상대방의 제품 조건보다 뒤쳐지지 않으려는 평생 경쟁의 악순환이 시작된다. 이런 경쟁 심리는 사실 따지고 보면 특정한 방어기제의 발현이기도 하다. 이를 서강대 전상진 교수는 '스펙은 항우울제와 같은 효과'라고 해석한다. 스펙의 진정한 효능이

나 취업에 도움이 되는지 여부를 따지기보다 일단 '뒤처지지 않는다는 안도감'의 효과를 노리고 스펙에 목 맨다는 뜻이다. 스펙 경쟁으로 개개인의 개성과 재능을 통한 독특한 발달은 저해되고, 그 개개인은 서로서로가 비슷해져 마치 공장에서 일련번호를 달고 나온 쌍둥이 제품처럼 느껴진다.

다소 불편한 이야기이기도 하지만, 현재 유행하고 있는 스펙은 올더스 헉슬리가 1932년 발표해 20세기 최대의 사회비평 걸작 중 하나로 자리잡은 《멋진 신세계》라는 소설에 나오는 알약 '소마'와 꼭 닮았다. 소설은 이렇게 시작된다. "겨우 34층밖에 안 되는 잿빛의 낮은 빌딩. 정문 위에는 '런던 중앙 인공부화 조절국'이라는 글자가 씌어 있었고, 세계 국가의 모토인 '공동사회, 동일성, 안정'이라는 말이 새겨진 방패 하나가 붙어 있었다."

'멋진 신세계'의 원칙은 안정이다. 개개인의 개성과 고민, '딴생각'을 허용하지 않는다. 34층의 '빌딩'에서는 그 이름이 말해주듯이 '수백만 명의 쌍둥이'들이 인공적으로 탄생한다. 이들은 알파, 베타, 감마, 델타, 엡실론 등 5개의 계급으로 나뉘어서 전 세계로 흩어져 프로그램대로 살아간다. 제품 불량으로 생겨나는 '생각'이라는 불순한 감정, 독창적인 의견, 자신만의 개성이 생겨날 때 '소마'라는 알약을 복용한다. 알약은 '행복감'을 온몸에 퍼뜨려 다시금 군말 없이 기계의 일부로 사는 것을 받아들인다. 스펙도 쌓다보면 '어느 정도의 행복감'을 가져준다는 점에서 '멋진 신세계'가 보급하는 '소마'라는 약과 유사하다.

기회는 스펙 1위부터 차례대로 돌아가지 않는다

　불안할 때마다, 우울할 때마다 하나둘 이력서에 첨가되는 스펙을 보면 뿌듯함과 만족감이 생겨나는 것도 사실이다. 또한 '나는 이렇게 열심히 했다' 라는 자위도 가능하다. 스펙으로 '6종 세트' 가 유행한다. 학벌, 학점, 토익, 인턴십, 자격증, 봉사활동으로 갖추어진 세트다. 소위 '묻지마 스펙업' 도 성행한다. 일부는 성형까지 추가해서 7종 세트를 유행시킨다. 그러면 누군가는 얼른 교환학생, 공모전 수상, 방송출연, 출판 등등 새로운 세트를 추가한다.

　좋은 스펙을 쌓는 것도 어렵지만, 그렇게 만든 좋은 스펙을 가지고도 원하는 것을 성취하지 못하는 경우가 많다는 것도 아이러니다. 인생의 기회는 '스펙 1위' 부터 차례대로 시상하지 않기 때문이다. 학교에서나 적용되던 상대 평가는, 사회에 나오는 순간 절대 평가로 바뀐다. 당신의 상대 평가가 다른 사람보다 뛰어나지 않더라도, 절대 평가의 기준으로 성공할 수 있는 곳이 바로 인생이란 비선형적이며 비논리적인 다차원의 시공간이다.

화려한 스펙이 지루하다

　취업 사이트 〈파워잡〉이 인사담당자 307명을 대상으로 한 설문 결과, 전체 응답자의 88.2퍼센트가 '이력서만으로는 지원자의 실무능력을 파악하는 데 부족함을 느낀다' 고 답했다. 이력서에 나와 있는 스펙으로는 그 사람이 정말 어떤 사람인지 구분하기 어렵다는 것이다.

2009년 국립국어원은 '스펙'이란 말 대신에 쓸 우리말로 '깜냥'을 선정했다. 그리고 '스펙 쌓기'는 '깜냥 쌓기'로 쓰자고 제안했다. 순 우리말인 '깜냥'의 정의는 '스스로 일을 헤아릴 수 있는 능력'이다. 명칭을 바꾸자는 국립국어원의 제안은 참으로 영특하다. 국립국어원은 회사나 조직에서 원하는 인재란 어떤 사람인가를 정확하게 알고 있는 셈이다. 인재는 이력이 아닌 능력을 가진 사람이다.

세계적인 마케팅 구루이자 《보랏빛 소가 온다》의 저자인 세스 고딘이 "리마커블(remarkable)의 반대말은 '아주 좋다(very good)'이다"라고 말한 것과 같이, 그저 '아주 좋은 스펙'은 리마커블의 반대일 수 있다. 그림 같은 초원에서 풀을 뜯고 있던 수백 마리의 소 떼에게 '아름답다'는 찬사를 보냈던 그는 20분도 지나지 않아 계속되는 장면에 지루해지기 시작했다. "그 소들이 완벽한 놈, 매력적인 놈, 또는 대단히 성질 좋은 놈일지라도, 그리고 아름다운 태양빛 아래 있다 할지라도, 그래도 지루하기는 마찬가지다."

그는 묻는다. "이럴 때 '보랏빛 소'가 한 마리 눈에 띈다면 어떻겠는가?" 리마커블은 '아주 좋은' 스펙이 아니라 '독특한' 스토리를 통해서 가능하다.

무스펙 대학생의 대기업 취업 스토리

　경영학과 졸업예정자로서 취업에 성공한 한 선배가 어느 온라인카페에서 후배에게 써준 조언을 읽은 적이 있다. 스스로 좋은 스펙이 아니라고 말하는 그는 "취업할 수 있었던 원동력의 8할은 경영학 지식이 아니라 상식과 교양, 그리고 토론이었다"라고 이야기한다. 그리고 또한 "자신만의 스토리가 탄탄하다면 취업, 그것은 결코 정복하기 어려운 산이 아닐 것이다"라고 덧붙인다. 그가 강조한 "상식과 교양, 그리고 토론"은 스펙이 거들떠보지 않는 인문 역량에 대한 부분이다. 그는 인문 역량에 더해 자신만의 스토리를 갖추면, 취업이라는 고지를 오르는 것은 충분히 가능하다고 말한다.

금융계에 취업한 26세의 한 새내기 직장인도 언론과의 인터뷰에서 "후배들에게 취업 노하우를 말해보라면, 스펙 쌓기에만 집중할 것이 아니라 신문과 책을 읽고 인턴 활동에 나서라고 얘기해 주고 싶다"라고 전한다.

얼핏 보면 모두 "어떻게 대학에 합격했나요?"란 질문에 "교과서에 충실했습니다. 과외 한 번 받아본 적 없습니다"라는, 그야말로 교과서적인 답변처럼 들리기도 한다. 그렇다면 이들은 왜 "스펙이 뛰어나서 합격했습니다"란 말을 하지 않을까?

스펙으로 지원자의 태도를 알 수는 없다

'무스펙 대학생의 대기업 취업 스토리'라는 흥미로운 주제로 일간지에 소개된 바 있는 정해영 씨. 그에게 국내 유통업계 2위의 대기업에 들어갈 수 있었던 비결을 묻자, 다소 뜬금없는 대답이 돌아왔다. "군대 습관 덕분이지요." 일부에서 취업의 주적이라고도 불리는 군대 경험이 어떻게 취업 비결이 되었을까?

군대에서 갓 제대한 정씨는 새벽 6시면 기상하던 군대에서의 습관을 지키기 위해 홈플러스 아르바이트에 지원했다고 한다. 그가 사무실에 출근한 시간은 오전 7시. 처음에만 그러겠지 했던 주위 사람들은 그가 2년간 하루도 빠짐없이 자신만의 출근 시간을 지키는 것을 보고 점차 그의 성실성에 매료되었다. 그리고 그는 2년 만에 정규 사무직으로 채용되었다. 원래 인턴사원을 영업직으로 전환시킨 사례는 있지만, 사무직으로 뽑은 것은 정씨가 처음이었다. 처음에 인사팀은 대학 졸업자도 아닌 그를 정규 사무직으로 뽑는 것은 곤란하다는 입장을 밝혔지만, 그를 잘 아는 주위 직원들은 '그와 꼭 함께 일해야 한다'고 주장했다. 채용담당자는 "직장생활에서 성실한 자세가 가장 중요한데, 정씨는 그 자세를 갖췄기 때문에 결국 채용이 성사됐다"라고 말한다.

정해영 씨의 사례는 '남들보다 낫기보다는 남들과 다르게 되자'가 왜 중요한지 보여준다. 직업 또는 직군별로 중요하게 생각하는 역량이 존재한다. 24시간 영업을 기본으로 하는 홈플러스에서는 성실성이 중요한 역량으로 손꼽힌다. 이력서를 아무리 포장해도 내가 성실하다는 것을 입증할 수는 없다. 하지만 이력서가 없어도 이를 증명할 수는 있다. 바로 행동이다. '매일 오전 7시, 2년간 출근'은 그 자체로 웅장한 메시지를 전달한다. '탄탄한 독서와 토론으로 무장된 논리 전개'도 면접 과정에서 스펙이 보여주지 못하는 역량이 있음을 증명한다.

역량이란 구체적인 행동을 통해 증명될 수 있다. 그리고 이러한 역량이 일정한 주제를 가지고 있을 때 그것이 스토리가 된다. 스토리는 내가 무엇을 했고 앞으로도 어떻게 살아갈 것인지 방향을 보여주며, 그 확실한 방향성 속에서 사람에 대한 강한 신뢰를 형성한다. 정씨는 성실한 행동을 반복함으로써 하나의 스토리를 만들었다. 정규직으로 채용된 후에도 그가 성실할 것이라는 예측은 가능하다. 스펙은 단지 과거에 내가 이룬 것의 종합일 뿐, 내가 살아갈 방향이나 나의 태도를 설명해주지 못한다. 스펙에는 성실이라는 역량 자체가 끼어들 공간도 없다.

Stupid, it's story!

스펙에는 아웃넘버링(outnumbering) 기능이 있어 나와 남의 순위를 구분하지만, 스토리는 아웃스탠딩(outstanding) 기능이 있어 나와 남을 구별해준다. 명심하라. 선택되는 사람은 1등이 아니라 구별되는 사람이다. 어떤 조직이 단 한 명의 사람을 뽑는데, 100명이 지원했다 하자. 스펙으로 그들을 1등에서 100등으로 순위 매겨 그중에서 1등을 무조건 뽑을 거라고 믿는가? 인사채용 원칙의 변하지 않는 철칙은 '가장 뛰어난 사람'이 아니라 '우리 조직의 역량에 가장 부합하는 사람'이다.

앞서 "스펙이 뛰어나서 합격했다고 말하는 취업 합격생은 왜 없을까?"라는 질문으로 다시 돌아가 보자. 그들이 최종 선택된 것은 그들이 구별되었기 때문이다. 스펙이나 전공 지식이 그들을 최종 합격자로 구별한 것이 아니라, 그들을 구별되게 만드는 그 무엇이 그들을 구별한 것이다. 그 무엇이 바로 스토리다. 스토리는 역량을 보여준다. 그리고 스토리가 증명하는 역량이 지원하는 조직의 역량과 부합될 때 당신은 구별된다.

이라크 전쟁 승리로 지지율이 90퍼센트에 육박했던 조시 부시 대통령과 대선에서 맞붙어 전설과 같은 승리를 일궈낸 당시 클린턴 후보의 구호는 'It's economy, stupid!'였다. 이는 국민이 진정으로 원하는 것이 무엇인지 정확하게 표현해낸 명구호로 널리 회자된다. 아직까지 난공불락의 기세로 활동하는 스펙과의 대결에서 우리도 승리할 수 있다. Stupid, it's story!

스펙으로는
그들의 초대를
받을 수 없다

고대 그리스인들은 어느 곳에 도시를 세우든 제일 먼저 극장을 지을 터를 확보했다. 자유 시민들이 다 모일 수 있는 규모의 극장에서 그들은 비극과 희극이란 형식으로 스토리를 나누고, 해석하고, 교훈을 나눴다. 삶의 희비가 교차했기에 그들은 비극과 희극을 보면서 고민을 나누고 삶의 의미를 찾아갔다. 아고라의 광장에서든, 도시가 굽어보이는 언덕에서든 그들의 스토리는 계속됐다. 민주주의를 이 세계에 유산으로 물려준 그리스의 힘은 사람과 사람이 자유롭게 의사소통할 수 있게 해준 스토리였다.

아프리카 에티오피아의 유목민족인 아파르 족에게는 사막과 초원의 혹독한 환경을 극복하며 살아가는 독특한 전통이 있다. 그들의 언어로 '다구'라 불리는 정보를 주고받는 방식을 통해 그들은 유목민족으로서 수천 년간 생존해왔다. 이들은 소에게 가장 적합한 환경을 찾아 떠돌아다니다 다른 아파르 족을 만나면 어디로 향하고 있든지 상관없이 일단 자리를 잡고 앉아 서로 스토리를 주고받는다. 그들은 '다구'로 자연환경, 전염병, 건강 문제, 지역의 정세 등을 나눈다. 주고받는 스토리를 통해 생존 확률을 높이는 것이다.

스토리는 자신을 효과적으로 홍보하는 가장 오래된 방법이다

과거의 그리스인에게든, 현대 아프리카의 유목민족에게든, 그리고 현대사회를 살아가는 우리에게든 스토리란 무엇인가? 이문열 씨는 〈이야기는 어떤 시대에도 패배하지 않는다〉라는 강연에서 "모든 존재는 자기를 드러내려는 의지를 가지고 있다. 자기를 드러내는 방식으로 가장 보편적인 것은 이야기다"라고 말했다. "내 이야기 좀 들어봐"라고 말하는 것은 자신의 존재를 드러내고 싶다는 의사표시인 셈이다. 드러내고자 하는 욕구는 상대방이 받아들일 때 해소가 되는데, 수천 년 전 인류의 역사에서부터 확인된 최고의 방법은 바로 스토리다.

혹독한 추위와 굶주림에 지친 '진실'이란 이름의 소녀가 마을을 찾아왔다. 하지만 마을 사람들은 소녀를 문전박대했는데, 벌거벗은 소녀의 모습에 놀랐기 때문이었다. 우연히 '우화'란 이름의 소년이 추위에 떨며 버려진 소녀를 발견했다. 우화는 소녀를 집으로 데리고 가서 몸을 녹여주고 따뜻한 식사를 마련해주었다. 그리고 소녀에게 '이야기'라는 망토를 입혀 마을로 돌려보낸다. 이야기라는 망토를 입은 '진실'이 다시 마을 사람들의 문을 두드리자 사람들은 예전과는 다른 반응을 보였다. 사람들은 소녀를 집으로 초대해 식사를 대접하며 함께 불을 쬐었다.

유대인들의 이야기다. 이 교훈은 인간의 유전자에 깊숙이 존재하는, 선호되는 소통양식이 무엇인지를 보여준다. 스토리텔링 전문가 리처드 맥스웰 역시 "스토리란, 사실에 감정을 입힌 것"이라고 말한다. 두 가지 소통양식이 있다. 사실과, '감정을 입힌 사실', 즉 스토리다. 사실이나 정보는 개인의 고정관념(stereotype)이라는 체에 걸러져 위의 교훈에서처럼 문전박대를 당하거나, 왜곡될 소지가 많다. 반면 '감정을 덧입은 사실'은 고정관념의 체를 뚫고서 사람에게 전달되기가 쉬운데, 스토리는 그 안에 원형(prototype)을 지니고 있기 때문이다.

조지프 캠벨은 《천의 얼굴을 가진 영웅》에서 모든 영웅에게는 전형적인 패턴이 있다고 말한다. 원형이라 할 수 있는 이 사이클은 대략 이렇다. 주인공은 어떤 사명을 깨닫고 행동에 나선다. 현실 또는 악당을 만나게 되면서 어려움을 겪지만, 누군가의 도움을 받는다. 결국은 그 과정에서 뭔가 깨달음을 얻는다. 이러한 원형을 인간은 태곳적부터 친숙하게 생각해왔다. 스토리가 어떻게 시작되며, 어떤 어려움을 겪는지 이미 알고 있기에 스토리를 말하는 사람들을 우리는 오래전부터 알았던 사람으로 신뢰하게 된다. 우리의 존재는 드러나게 되고, 상대방은 우리를 받아들인다.

반면 스펙은 단지 내가 이루었던 그 무엇을 보여줄 뿐, 그것의 과거와 현재, 미래로의 흐름이 어떠한지에 대해서는 침묵한다. '영웅의 사이클'이 존재하지 않는다는 뜻이다.

스토리가 그들의 초대를 부른다

아리스토텔레스가《시학》에서 정립했듯이 스토리는 시작과 중간과 결말을 지니고 있다. 여기서 시작이란 "나는 1986년 서울의 한 단란한 가정에서 태어났고 ……"와 같은 시작이 아니다. 아리스토텔레스가 말하는 '시작'은 시나리오 용어로는 '자극적인 사건(inciting incident)'이고, 이 책의 후반부에서 사용할 용어로는 '거룩한 불만족(Holy Discontent)'이다. 개인의 잔잔한 삶에 뭔가 파문을 일으키는 돌멩이가 날아든 순간인 것이다. 우리의 스토리도 이러한 돌멩이가 무엇이었는지 말하는 것에서 출발할 수 있다.

그리고 스토리는 구체적인 행동으로 흐름이 이어진다. 아리스토텔레스는 다시《시학》에서 스토리는 "반드시 행동에 관한 것"이라고 강조했다.《나를 찾아가는 이야기》에서 기독교 심리학자 댄 알렌더는 이를 "행동이야말로 우리가 정말로 가치 있게 여기는 것이 무엇인지 말해주기 때문"이라고 설명한다. 결국 우리가 어떤 사람이었는지 드러내는 것은 우리의 '생각'이 아니라 '행동'이다.

스펙은 '지식'에 관한 것으로 '행동'을 보여주진 못한다. 그 사람이 진정 어떠한 사람인지 판단하기 위해서는 '지식'이 아니라 '행동'이 필요하다.

예를 들어보자. 누군가에게 자신을 소개할 때 "저는 어디를 졸업했고, 현재 하는 일은 무엇입니다"라고 말하는 것은 '사실'일 뿐이다. 여기에 감정을 덧입히면 다음과 같을 수 있다. "미국이 이라크를 공격하는 장면을 영화 보듯 소파에 앉아 지켜봤던 적이 있어요. 그때 난민의 어려움을 처음으로 접했고, 난민을 돕는 사업을 해야겠다고 생각했어요. 하지만 한국에서는 롤 모델을 찾기가 힘들고, 이해해주는 사람도 찾기 힘들었죠. 난민 NGO에서 난민과 관련된 강좌를 들었고, 졸업하고 현재는 경험을 쌓기 위해서 중동 지역에 중고 제품을 수출하는 업무를 맡고 있습니다."

처음과 같은 방법으로 소개하거나, 면접에서 답변을 한다면 십중팔구 문전박대를 당할 것이다. 하지만 '영웅의 사이클'과 '거룩한 불만족' 그리고 흐름을 이어가는 일련의 '행동'을 포함한 스토리로 다가갈 때, 집으로 초대받을 확률은 높아진다.

이력서 밖으로 행군하라

　마음 같아서는 강연을 할 때, 듣는 분들에게 이력서를 다 지참하게 하고, 강연 중간에 이력서를 꺼내놓고 '능지처참' 퍼포먼스를 벌이고 싶다. 과격하단 이야기를 들을 것 같아 실제로 해보진 않았지만, 그런 생각만 해도 가슴이 후련하다. 나는 이력서가 없다. 물론 살다보면 이력서를 보내달라는 여러 요청이 있기에 어쩔 수 없이 내가 '간이이력서'라고 부르는 이력서는 가지고 있다. 여기에는 학력과 현재 근무지, 연락처 등의 최소사항만 들어가 있다. 이력서는 통상 1~2페이지로 끝난다. 내가 불만이 많은 게 이거다. 어떻게 한 사람의 인생을 그 좁은 공간에 다 구겨 넣을 수 있을까? 이력서는 개인에 대해 아무리 크게 잡아도 1퍼센트조차

대변해주지 못한다.

이력서에 들어가는 항목을 잘 살펴보자. 무엇이 들어가는가? 학력, 자격증, 봉사활동, 공모전, 수상경력, 외국어 성적 등이다. 우선 들어가는 항목 자체가 극히 제한되어 있다. 객관적인 평가를 위해 그렇게 마련된 것이지만, 문제는 그게 인생의 전부인 것처럼 그 부분만 준비를 하는 사람들이다. 스펙에 집중하는 사람들이 대학 4년이라는 시간 동안 준비하는 것이 무엇인지는 뻔하다. 소위 스펙에 도움이 되는 것들이다. 더 정확하게 말해 이력서에 한 줄 들어가는 그 무엇이다.

당신의 이력서에는 역량이 얼마나 나타나 있는가?

이력서가 정제하는 것은 우선 이력서에 써넣을 항목이 없는 요소들이다. 대표적인 것이 책읽기다. 이력서 중심의 관점에서는 책을 한 권도 읽지 않아도 상관없다. 책을 몇 권이나 읽었는지 쓰는 공간 자체가 없다. 이런 관점에서 배제된 것들이 사실은 졸업한 이후에 자신의 역량을 보여주는 재산들인데, 이력서는 이런 소중한 것들을 제외시킨다. 또한 이력서에는 '성공'한 것만 들어간다. 토익을 여러 번 봐도, 그중에 제일 좋은 시험성적만 들어간다. 아무리 훌륭한 프로젝트를 해도 실패한 것은 언급하지 못한다. 이력서는 일종의 '명예의 전당'이다. 하지만 스토리의 관점에서는 혹 실패한 경험이라도 그것은 빼놓을 수 없는 구성요소다. 시도했지만 이루어지지 않은 어떤 프로젝트도 스토리의 관점에서는 그 사람의 도전 정신과 진취성을 엿보게 만드는 소중한 증거다. 이력서는 이렇게 우리의 통합적인 삶을 반 토막 낸다.

마지막으로 이력서는 실제로 필요한 역량을 개발하는 대신 구체적인 수량적 결과가 나오는 활동에 집중한다. 역량이란 스토리의 핵심 개념 중 하나로, 개인의 태도, 기술, 성향 등을 종합한 개념이다. 이런 역량은 항상 수치로 나타낼 수 없지만 구체적인 행동을 통해 측정이 가능하다. 이러한 역량이 하나의 주제로 엮여지는 것이 스토리다.

예를 들어 리더십이란 역량을 생각해보자. 리더십 시험 같은 것은 없다. 리더십은 구체적인 행동과 사건을 통해 간접적으로 보유 여부를 나타낼 수 있을 뿐이다. 회사마다 자신들만의 핵심 역량과 인재상을 보유하고 있다. 업종별로도 필요한 핵심 역량이 다르다. 우리의 이력서에는 역량이 얼마나 드러나 있는가?

현명한 구직자의 선택

정제된 1퍼센트의 제한을 벗어나는 방법이 바로, 인생을 그 모습 그대로 포용하는 스토리다. 세스 고딘의 말을 경청해보자. "리마커블한 사람은 사람들의 주목을 받는 프로젝트에 시간을 쏟는다. 이런 사람들은 위험을 무릅쓰고, 때로는 커다란 실패를 경험한다. 하지만 이러한 실패가 이들을 막다른 골목으로 인도하는 일은 거의 없다. 결국은 이 실패라는 것도 사실상 위험이 아니다. 대신 이런 종류의 실패 때문에 그들은 다음에 훨씬 더 좋은 프로젝트를 맡을 가능성이 높아진다." 사람들은 스토리가 있는 사람에게는 이력서를 보내달라고 요청하지 않는다. 오히려 "우리 회사에서 함께 일해 보는 게 어때요?"라며 접근한다. 스펙만 있는 사람에게는 "관심 있다고요? 그럼 이력서 보내보세요"라고 응대한다.

  교훈은 확실하다. 이력서를 채우려고 정작 중요한 것을 놓치는 우는 범하지 말라는 것이다. 이력서 안의 내용으로 사람을 감동시킬 수는 없다. 다음은 SK 그룹 채용 총괄 담당자 전종민 PL의 이야기다. "대기업의 채용 담당으로서 분명히 밝히건대, 스펙 그 자체는 채용의 기준으로서 전혀 의미가 없다. 중요한 것은 '스펙'을 구성하고 있는 다양한 요소들이 특정 기업, 특정 직무에 어떤 도움이 되는가이다. 현명한 구직자는 남들과 차별화된 능력을 개발하고, 이를 채용 장면에서 효과적으로 이야기할 수 있는 사람이다."

세상은 당신의 스토리를 원하고 있다

"커피 한잔 하자"라는 말을 한다. 커피를 마시는 게 목적일까? 이 말은 커피를 매개로 수다 한번 떨어보자는 뜻이다. 연구 결과에 따르면, 커피를 마시며 대화하는 상대에겐 호감이 높아진다고 한다. 스토리와 커피는 그래서 찰떡궁합이다. 커피를 앞에 두고 마주 앉는 것은 스토리를 나누자는 문화적인 주술이자 상호간의 약속이다.

대화를 어떻게 지속해야 할까 걱정할 필요가 없다. 한번 시작된 스토리는 전염성이 있다. 영어 실력이 부쩍 늘었고, 어떤 책을 읽고 밤을 새워 읽었다면 입이 근질근질할 것이다. 사실 베스트셀러의 조건 중 하나는 '너 그거 읽어봤어?'라는 말이 빈번하게 오가야 한다는 것이다. 스토리는 억제할 수 없다. 물론 나쁜 스토리는 더욱 빨리 확장된다. '임금님 귀는 당나귀 귀' 같은 엄청난 스토리에 대해 함구하라는 것은 죽으라는 것과 마찬가지다. "이거 사실 말하면 안 되는데……"라며 "아무한테도 말하면 안 돼. 우리 둘 만의 비밀이야"라고 하지만, 말하는 사람이나 듣는 사람이나 다 안다. 그 스토리가 곧 퍼져나갈 거라는 것을.

이야기를 들려주세요

"넌 어떤 사람이야?" 이렇게 물어서는 그 사람이 누구인지를 알 만한 대답을 기대할 수 없다. 누군가를 알고 싶다면 "네 이야기 좀 들려줄래?"라고 물어야 한다. 대학 시절 내가 속했던 동아리에서는 새로운 사람들과 어울릴 때면 하던 '의식'이 있었다. 일명 '라이프 스토리'라는 시간이었다. 여러 대학이 함께 참여하는 연합동아리였기에 정기 모임을 갖거나 MT를 가게 되면 새로운 친구나 선후배를 만날 기회가 많았다.

모임이 파하면 적당한 조도로 불을 낮추고 양초가 있으면 초를 태우면서 빙 둘러앉곤 했다. 그리고 자연스럽게 누군가가 자신의 스토리를 술술 풀어냈다. 나는 어떤 학창시절을 보냈고, 지금의 학교나 전공은 어떻게 선택했으며, 어떤 꿈을 가지고 있는지. 한 사람의 스토리를 듣는 데만 몇 시간이 지나기도 했다. 많은 경우 그렇게 밤을 꼬박 새웠다. 이런 경험을 통해 누구에게나 특별한 스토리가 있다는 것을 깨달았고, 스토리를 공유한 사람과 그렇지 않은 사람과의 심리적 거리도 느낄 수 있었다.

스토리는 사람들이 우리를 주목하게 한다

분석철학자 비트겐슈타인은 "우리는 생각해서 이야기를 하는 것이 아니고, 이야기를 하려고 생각한다"라고 주장한다. 흥미로운 영화를 보거나, 스포츠를 즐기거나, 특별한 체험을 하는 것은 모두 자신의 스토리를 만들려는 본성이라는 것이다.

사실 우리의 스토리가 지루하다면, 우리의 삶도, 우리의 꿈도 지루할 확률이 높다. 수다를 잘 떠는 사람, 소위 이야깃거리가 항상 충만한 사람을 떠올려 보라. 삶과 꿈이 서로 연결되고, 현재진행형인 사람에게만 스토리가 있다. 마주 앉아 아무리 진한 커피를 마신다 해도 꿈을 잃어버린 사람에게서는 흥미로운 스토리를 기대할 수는 없다. 술의 힘을 빌리지 않았는데도 자신의 삶에 대해, 자신이 추구하는 가치에 대해 한 시간 정도 이야기할 수 있다면 그는 대단한 사람이다.

스토리는 사람들이 우리를 주목하게 하고, 상대방이 우리의 스토리와 함께하고 싶게 만든다. 스펙이 너무나 화려한 어제를 살았다고 하자. 흥미로운 사건을 목격했고, 특별한 곳을 여행했고, 난생 처음 겪는 체험을 해보았다. 그러나 그러한 사실들이 스토리로 엮이지 않는다면, 감정의 옷을 입지 못한다면, 그것은 스펙일 뿐, 상대의 초대를 부르는 스토리가 될 수 없다.

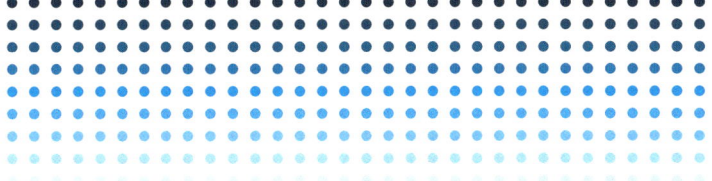

최고가
아니라
유일함으로
승부하라

"사람들이 과연 제 스토리에 관심이 있을까요? 저는 유명인사도 아니고, 그냥 평범한 대학생일 뿐인데요." 이렇게 생각할 분들이 분명 있기에 왜 사람들이 '당신의 스토리'에 열광하는지 생각해봐야겠다.

나는 학부 시절 한국사를 전공했다. 지금은 국립중앙박물관장으로 계신 최광식 교수님의 강의 시간에 《삼국유사》, 《삼국사기》 등의 고전을 파고들고 해석하며 수천 년 전 고대인의 스토리에 푹 빠진 적이 있었다. 신라, 백제, 고구려를 다루긴 하지만 《삼국유사》와 《삼국사기》는 분위기와 초점이 다르다. 김부식의 《삼국사기》는 삼국의 정치적인 흥망과 변천을 다뤘다. 따라서 왕과 귀족을 둘러싼 스토리가 많다. 반면 일연의 《삼국유사》는 왕과 귀족, 서민 등 계층을 뛰어넘어 종교와 속세의 주체인 개개인이 강조되고 있다.

우리가 중고등학교 때 배운 신라에 대한 대부분은 골품제도나 몇몇 유명한 왕의 스토리였을 것이다. 과연 그것이 신라의 스토리일까? 서기 3000년, 우리의 후손들이 2010년 당시의 한국을 살펴볼 때 '당시 정부는 대통령제로서, 부처는 외교통상부, 행정안전부, 국토해양부 등 19개 기관이었다. 당시 금융통화위원회는 계속 저금리를 유지했다.' 와 같은 내용만을 배운다면, 그것이 '2010년 대한민국'의 온전한 스토리일까? 개인마다 차이가 있겠지만 내게 더 흥미로웠던 것은 《삼국유사》였다. 우연의 일치이지만, 《삼국사기》는 보물 525호, 《삼국유사》는 국보 306호다. 개인들의 스토리가 왕과 귀족 등 당시 유명 인사들의 스토리를 제쳤다.

그러면 그들은 당신에게 주목할 것이다

사람을 사로잡는 커뮤니케이션 전도자 데일 카네기는, 수많은 사람이 모인 강당에서 스스로가 연사로 섰다고 상상해보라 한다. 당신은 청중들이 빛나는 눈빛으로 연사가 곧 꺼내놓으려는 말 한마디를 놓치지 않으려 긴장하고 있음을 안다. 확실하게 감명 깊은 이야기를 하지 못하면, 이들은 '오늘도 기대할 것 없네' 하고 휴대폰을 꺼내든지 옆 사람과 내 복장에 대해 농담을 주고받을 것이다. 당신은 어떤 말을 꺼내야 할까? 이들이 제일 듣고 싶어 하는 것은 무엇일까?

카네기는 '청중이, 또는 상대방이 제일 듣고 싶은 이야기를 해라, 그러면 그들은 당신에게 주목할 것이다'라고 말한다. 그리고 카네기는 "언제나 당신의 경험, 당신의 스토리를 말해라"라고 단언한다. 왜 개인의 경험, 개인의 스토리를 말할 때 사람들은 경청하고 흥미를 느낄까? 첫째는 당신이 어떤 스토리를 말하든, 그것은 당신만의 유일한 스토리이기 때문이다. 전 세계 어느 누구도 대신 경험하고 대신 느끼지 못할 내용이기 때문이다. 그저 '개인의 스토리'가 아니라 '세계에서 유일한 단 한 사람의 스토리'다.

두 번째는 사람들이 팩트(fact)를 앞세운 연역적 주장에는 편견을 가지지만, 감정이 드러나는 귀납적 주장에는 마음을 열기 쉽기 때문이다. 구체적인 경험을 들려줬을 때 사람들은 더욱 쉽게 보편적인 원칙을 떠올리게 된다. 당신이 유명인사가 아니더라도, 당신의 스토리에 사람들이 관심을 보이는 이유는 당신이 유일한 존재이기 때문이다.

스토리는 숫자보다 강하다

영화 〈슈렉〉이 인기를 끌었던 이유는 무엇일까? 영화평론가들이 말하듯이, 공주는 예쁘고 남자 주인공은 멋지다는 환상을 깨서일까? 정작 드림웍스애니메이션 감독 제프리 카젠버그는 "가장 좋은 스토리텔링은 우리 자신의 모습을 담는 것"이라고 말했다. 〈슈렉〉에는 사람들이 일반적으로 인생에서 겪는 환희, 두려움, 주

저항, 도전, 사랑 등이 그려졌고, 그래서 사람들이 자신과 비슷한 스토리라고 공감할 수 있었다.

사람들이 누군가에게 호감을 느끼는 것은 그 사람의 이력이나 스펙 때문이 아니다. 오히려 그가 가진 특출한 태도, 집념, 열정, 도전 때문이다. 바로 스토리 때문인 것이다. 《마케팅 불변의 법칙》은 1등만이 기억되고, 2등은 기억되지 못한다고 말한다. 맞는 말이다. 하지만 틀린 말이기도 하다. 스토리가 개입되면 상황이 달라진다.

지난 2009년 온 국민의 땀을 쥐게 했던 월드베이스볼클래식 한-일 결승전. 결과적으로 한국은 연장전까지 갔다가 아깝게 석패했다. 많은 네티즌들의 댓글이 올라왔는데, 그중에서 한 명은 이렇게 말했다. "우리나라가 일본에 패해 준우승에 머물렀지만, 정말 야구를 즐길 수 있게 만든 멋진 명승부였어요. 그래요 1등이 좋긴 좋죠. 하지만 아름다운 2등이 더욱 빛날 때가 있어요."

1등, 2등의 문제가 아니라 기억될 만한 명승부, 즉 멋진 스토리가 있느냐가 문제다. 정말 야구를 즐길 수 있게 만든 멋진 명승부가 밋밋한 승리보다 더욱 오랫동안 기억된다. 사람도 마찬가지다. 감동이 없는 스펙은 밋밋한 승리와 같다. 밋밋한 승리는 사람에게 그 어떤 연상 작용도 불러일으키지 않는다. 밋밋한 승리보다는 멋진 패배가 기억되고, 보는 이로 하여금 감동을 불러일으키게 한다. 이것이 바로 '스토리불변의 법칙'이다.

스토리는 숫자보다 강하다. 그리고 이는 취업 전선에서도 여실히 증명되고 있다.

스토리 자본과 스토리 지수에 투자하라

　스펙의 시대가 저물고 있다. 어떤 사고법을 갖고 사느냐에 따라 삶의 크기도 달라진다. 실크로드 여행을 하면서 샤처란 도시에서 카스까지 반나절 정도 걸리는 거리를 버스로 이동한 적이 있다. 폭우로 나무가 도로를 막아 길을 돌아가야 했다. 그때 한 현지인과 대화를 나눌 수 있었다. 몇 십 년 전에는 똑같은 여정이 며칠씩 걸렸는데 지금은 이렇게 빨라졌다며 좋아했다. 벨기에는 수도인 브뤼셀에서 고속도로를 타고 한 시간 정도 나가면 더 이상 갈 곳이 없는 작은 나라이지만, 그 한 시간 거리를 벨기에 사람들은 '멀다'라고 생각한다. 반면 중국 사람들에게는 한 시간의 거리가 잠시 외출하는 정도의 거리일 뿐이다. 그들은 하루 정도는 가야 '멀다' 라는 표현을 쓴다.

스토리 자본과 스토리 지수

스펙 중심의 사고와 스토리 중심의 사고에도 삶을 받아들이는 커다란 차이가 있다. 스펙 중심의 사고로는 스토리의 시대에 결코 1등을 할 수 없다. 게임의 규칙이 바뀌었다. 이 바뀐 게임에서 중요한 도구는 스토리 자본(story capital)과 스토리 지수, 즉 SQ(story quotient)이다. 스펙 중심의 사고로는 중요하게 생각하지 않았던, 하지만 중요한 것들의 재발견이 시작된 것이다.

첫째, 우리의 삶이 일상으로 복귀한다. 스펙 사고는 특정 스펙을 취득한 날이 중요하다. 그 전의 시간들은 스펙을 위한 시간들이었지 특별한 의미를 지니지 못한다. 그러나 스토리 중심의 사고는 일상의 소소한 생각과 감정, 만남과 학습에서도 내 스토리와 연계되는 의미를 뽑아낼 수 있다. 사람의 뇌는 인터넷 검색엔진과 비슷하다. 키워드를 가지고 있으면 대화 속에서, 우연한 관찰에서도 그 키워드와 관련된 '검색'이 가능해진다. 이를 심리학자 융은 '동시성(Synchronicity)이론'이라 부른다. 두뇌의 일부분인 망상활성화 시스템이 가동되면서 뇌는 키워드와 관련된 정보와 기회를 포착해간다. 스토리 사고는 그 검색의 범위가 특별하든 평범하든 모든 일상을 범위로 하고, 그래서 검색 결과도 풍부하다. 스펙 사고는 토익이면 토익, 자격증이면 자격증, 한정된 키워드에 검색 범위도 한정되어, 검색 결과가 빈약하다.

둘째, 비교의 대상이 바뀐다. 스펙 시대에는 경쟁이 규칙이었다. 우석훈 박사는 《혁명은 이렇게 조용히》라는 책에서 신자유주의를 기반으로 하는 스펙 시대에는 "경쟁하라, 그러면 구원이 있을 것이다"가 규칙이라고 말한다. 스토리 시대에는 '스토리를 나눠라, 그러면 행복해질 것이다'가 규칙이다. 스토리 시대에도 경쟁은 여전히 존재할 것이다. 하지만 그 경쟁 상대는 타인이 아니다. 인생의 국면에서 지금의 스토리가 예전의 스토리보다 더 풍성해졌는지를 비교할 뿐이다. 남보다 더 좋아진 나보다는 이전의 나보다 더 성장한 내가 중요하다.

셋째, 시야가 달라진다. 〈학벌 없는 교육사회〉의 이철호 정책위원장은 "학생들이 스펙 쌓기에만 몰두하면 세상을 넓게 보는 눈을 기르기 어렵게 된다"고 지적한다. 스펙은 잘해봐야 서류 통과를 위한 준비다. 많고 많은 스펙 중에서 특출할 게 없으면 서류 통과도 어렵지만, 면접은 더 큰 문제고 어찌어찌하여 면접을 통과했다 해도 더 큰 문제는 입사를 한 후에 발생한다. 입사한 뒤에는 아무도 그 사람의 스펙에 신경 쓰지 않는 것이다. 오히려 스토리가 있는 사람, 그리고 역량을 갖춘 사람이 직장 내에서 더욱 돋보이게 된다. 뒤에서 더 자세히 다루겠지만, 역량은 '예전에 해봤기에 지금도 가능하다'라는 뜻이다. 스펙은 '이력서에 존재하지만 해봐야 안다'를 뜻한다. 초보운전자들의 가장 큰 실수는 눈앞의 차에만 시선을 두는 것이다. 그래서 노련한 운전자들은 '시선은 조금 멀리 두라'고 한다. 스토리는 내가 앞으로 나갈 방향을 제시한다. 시야 확보가 용이하다. 스펙은 스펙을 획득한 곳까지가 시야일 뿐이다.

넷째, 남의 스토리에 귀를 기울이게 된다. 2차 세계 대전을 이끈 조지 마셜 장군은 '사람을 다루는 공식'으로 다음의 세 가지만 명심하라고 말한다. "다른 사람의 스토리에 귀를 기울여라. 다른 사람의 이야기를 모두 들으라. 우선 다른 사람의 이야기를 모두 들으라." 이를 종합하면 "먼저, 다른 사람의 이야기를, 끝까지 들어라"라는 조언이다. 스펙은 기회의 원천인 사람으로의 관심과 접근을 봉쇄한다. 기회는 사람에게서 파생한다. 사람과 엮이고 사람과 소통을 해야 한다. 스토리는 사람의 마음을 열게 하고, 사람과 사람을 이어주는 탁월한 커뮤니케이션 도구다. 자신의 스토리를 나누는 사람은 상대방의 스토리도 기대하게 된다. 하지만 스펙은 함께 나눌 수 있는 것이 아니다. 말하는 순간 순위가 확정되기 때문이다. 스펙 사고는 나눔을 두려워한다. 소설 《모모》에는 '모모'가 가진 재능이 무엇인지 나온다. "모모가 청중 가운데 섞여 이야기를 듣고 있으면, 그는 자기 마음속에서 수문이 열리듯 새로운 이야기가 끊임없이 용솟음치며 쏟아져 나오는 듯한 느낌이 들었다." 스토리 사고를 지닌 사람과 함께 있으면 내 스토리도 용솟음치며 쏟아져 나온다. 스펙은 자석의 같은 극이 만나는 것처럼 서로 밀쳐내지만, 스토리는 N극과 S극이 만나듯이 서로를 끌어당긴다.

스토리 사고는 당신에게 스토리 자본과 스토리 지수를 선사한다. 스토리 자본으로 물건을 사고팔 수는 없지만, 사람의 마음속으로 들어갈 수는 있다. 스토리 지수만으로 1등 성적표를 받을 순 없지만, 함께 일하고 싶은 사람이 될 수는 있다. 우리의 SQ를 높여야 한다.

직(職)과 업(業)을 구분하라

한 일간지에서 직장인들에게 '다시 대학생으로 돌아갈 수 있다면'이란 주제의 설문조사 결과를 발표한 적이 있다. '다시 열심히 공부하고 싶다', '스펙을 철저히 만들겠다'란 답변이 예상되지 않는가? 응답자의 41퍼센트가 뽑은 1위는 "대학생으로 돌아가면 적성부터 찾고 싶다"였다. 또한 '후배들에게 조언해주고 싶은 말'로 가장 많이 나온 말은 "적성을 모르면 후회하니 자신이 잘 하는 게 무엇인지부터 찾아가라"였다. 직장인을 대상으로 한 설문이라는 것을 감안했을 때, 다시 기회가 주어진다면 좀 더 신중하게 적성을 파악하고 진로를 탐색해보겠다는 이들의 답변은 무엇을 의미할까? 또한 후배들에게 '후회하지 말고 자신이 잘 하는 게 무엇인지 찾아가라'고 말한 계기는 무엇일까?

그 이유를 알기 위해서는 우리가 흔히 '직업'이라 부르는 것을 '직(職)'과 '업(業)'으로 나누어 생각해볼 필요가 있다. 직은 영어로 occupation이라 할 수 있다. 내가 점유하고 있는 직장 내에서의 담당 업무를 뜻한다. 직은 내가 아닌 누군가로 쉽게 대체가 가능하다. 시간이 갈수록 더 젊고, 매력적이고, 재능 있는 친구들이 직장 밖에서 그 자리를 노리기 때문이다. 긴 휴가를 떠나거나 병가를 낼 때 "책상이 그대로 남아 있을까?"라고 염려한다면 그것은 분명 '직'과 관련한 걱정이다. 하지만 열과 성을 다해 지켜냈던 직도 결국은 퇴직(retirement)으로 끝난다. 그나마 정년퇴직이면 좋겠지만 요즘은 '명예'라는 탈을 쓴 강제 퇴직이 대세다.

업은 영어로 'vocation'이라 할 수 있는데, '평생을 두고 내가 매진하는 주제'를 뜻한다. 흔히 '내가 평생 가져갈 업이야'라는 표현으로 자주 쓰인다. 나의 존재와 삶과 떼래야 뗄 수 없는 무언가를 의미한다. 업은 쉽게 다른 누군가로 대체가 어렵다. 나이가 들면 오히려 연륜이 쌓인다. 때문에 업은 장인(mastership)과 연결된다.

업을 고민하는 것이 취업의 지름길이다

우리가 먼저 파악해야 하는 것이 바로 이 업이다. 평생 가져갈 주제가 무엇인지도 모르고 덜컥 잡아버린 직은 오히려 업을 방해하는 덫이 될 수도 있다. '나는 어디에서 일하고 싶지?'가 아니라

'나는 무슨 일을 하고 싶지?'라고 먼저 묻고 고민해야 한다. 업이 무엇인지 파악하지도 못하고 달려왔던 우리의 선배들은 그런 면에서 불행하다고 느끼기 쉽다. 그뿐만이 아니다. 업을 아는 것이야말로 취업의 가장 빠른 지름길이다.

업이 없으면 그저 세상이 말하는 성공의 기준을 따라갈 수밖에 없다. 내가 추구해야 할 것, 내가 직이라는 구체적인 방법을 통해 평생 매진할 주제를 깨닫지 못한다면, 아무리 좋은 직도 무료하고 의미를 찾을 수가 없다. 자신의 업을 발견하지 못했기에, 이력서에는 차별점이라고는 도무지 찾을 수 없는 스펙들이 넘쳐난다. 업과 관련이 없기에 인사담당자들은 그들의 입사원서를 선택하지 않는다.

반드시
업(業)이 직(職)을
부를 것이다

강의를 하다보면 국제기구나 유엔에서 일하고 싶어 하는 친구들을 많이 만난다. "유엔에 들어가기 위해서는 어떤 전공을 가져야 하죠?" 더 난감한 질문도 있다. "어떻게 하면 유엔사무총장이 될 수 있어요?" 이런 질문을 받으면 부럽기도 하다. 내가 대학생이었을 때는 이들만큼 명확하게 무엇을 해야 할지 몰랐기 때문이다. 하지만 내가 "왜 유엔에 들어가고 싶죠? 왜 유엔사무총장이 되고 싶어요?"라고 물으면 이들은 더 이상 이야기를 계속하지 못한다. 업에 대한 고민이 없이 직으로 먼저 접근하면 이런 허무한 결말은 불을 보듯 뻔하다. 만약 내가 면접관이고, 질문을 했던 학생이 지금 면접에 임하고 있다고 생각해보자.

면접을 보는 사람들은 최소한 그 업에 몇 년 이상을 종사한 사람들이다. 그 사람들에게는 그 업에 관한 프라이드가 있기 마련이다. 만약 면접을 보는 예비 사원이 자신의 업에 대한 깊은 고민과 뚜렷한 비전을 갖고 있다면, 그는 과연 탈락하게 될까? 자신의 업에 대한 고민 없이 스펙을 쌓아온 사람과, 면접관의 업에 대한 프라이드와 교감하는 사람이 있을 때, 바로 당신이 면접관이라면 누구의 손을 들어주겠는가?

업을 좇는 사람과 직을 좇는 사람

직을 추구하는 사람은 직에 따라서 삶이 요동을 치게 된다. 만약 '국제기구에 들어가고 싶다'는 바람이 혹 무산되면 어떻게 될까? 그러면 '마케팅 쪽 회사에 가면 되지'라고 생각할 수 있다. 그러다가 그마저도 무산되면 어떻게 할까? 여전히 선택할 것은 많을 것이다. '역시 고시밖에 없어'라고 고시 준비에 몰입할 수도 있고, 의학전문대학원이나 로스쿨 준비를 할 수도 있다. 아니면 '그래 나도 유학 가는 거야'라며 GRE와 토플시험을 위해 어느 날 일본으로 떠나기도 한다. 위에서 열거한 선택 사항 중 단정적으로 나쁘다고 말할 수 있는 선택은 하나도 없다. 다만 그런 선택을 하는 사람의 삶이 심히 요동치고 있다는 게 아쉬울 따름이다. 만의 하나 일단 직장을 잡았다고 치자. 그 안에서 업을 발견할 것을 기대하고, 또 업을 알게 되면 '직장을 그만두고, 업을 따라가야겠지'란 결심도 한다. 하지만 직장에서 주는 월급의 안전감을 쉽게 벗어나지 못한다. 간혹 회사를 옮기기도 하지만 그것은 더 좋은 조건에 따라가는, 말 그대로의 이직이다.

반면 업을 추구하는 사람은 한 가지 방향을 따라 삶을 이끌어가기에 그 방향으로 강력한 에너지가 형성된다. 이 에너지는 곧 스토리라는 힘인데, 스토리를 따라 기회의 원천인 사람이 연결된다. 업을 추구한다는 의미는 업과 관련된 폭넓은 활동과 네트워크에 참여한다는 뜻이다. 세미나, 학술회의, 캠페인 등에 참여하면서 쌓인 사회적 자본을 통해 자신에게 여러 직의 기회가 찾아오게 된다.

업이 직을 가져다준다

1929년, 헝가리의 작가 프리기예스 카리니는 〈분리의 여섯 단계〉라는 단편소설을 발표한 바 있다. 나와 무작위로 뽑은 어떤 사람은 6명을 매개로 연결될 수 있다는, 말 그대로 '소설 같은' 내용이었다. 이런 내용은 1967년 하버드대 심리학과 교수인 스탠리 밀그램의 실험을 통해 '소설처럼' 입증되었다. 미국 중서부에서 무작위로 뽑은 160명이 보낸 편지가 동부의 특정인에게 전달되는지 여부를 실험한 것이다. 놀랍게도 40통이 넘는 편지가 실험 대상인 160명이 전혀 알지 못하는 특정인에게 전달되었고, 전달을 도운 사람의 평균 인원은 5.5명이었다. 한국과 같은 경우는 사회가 더 긴밀하게 연결되어 이 연결지수가 3.6명이라고 한다. 이 책을 쓰고 있는 나와 이 책을 읽고 있는 당신은 3.6명을 매개로 연결이 가능하다는 말이다. 하지만 연결이 되어야 하는 이유가 없다면 3.6

명이든, 내가 당신 바로 옆집에 살든 아무런 의미가 없다. 이유만 있다면, 연결은 쉽다. 그것이 바로 업의 강력한 힘이다.

업이 있으면, 그 업과 관련되거나 그 업에 흥미를 가진 사람들과 쉽게 연결된다. 그리고 그 사람들을 통해 '느슨한 연대'의 혜택인 '더 많은 정보와 더 많은 직업의 기회'가 보장된다. 업이 우리를 먹여 살린다. 업은 직을 가져다준다. 업을 달성하기 위한 연구소가 될 수도 있고, 영리기업이나 비영리기업, 공공기관이 될 수도 있다. 강력한 업을 가진 사람에게는, 그 업을 추구할 수 있는 직이 찾아오기 마련이다.

업을 찾는 방법에 대해서는 뒤에 더 자세히 다루겠지만, 자신을 폭넓게 노출하면서 내가 흥미를 느끼고 '하지 않으면 미칠 것 같은' 분야가 무엇인지 탐색해야 한다. 업이 무엇인지 알게 될 때, 내가 써내려가야 할 스토리의 주제와 방향이 정해진다. 본격적으로 나 자신이 스토리의 주인공으로서 삶을 살아가게 되는 것이다. 그 순간, 중구난방 식의 스펙 쌓기는 무의미해진다.

PART TWO

스토리가 스펙을 이긴다

스펙은 다른 사람과 비교하게 하지만, 스토리는 나를 점검하게 한다. 마찬가지로 스펙이 나를 우월하게 만들어 줄지는 모르지만, 스토리는 나를 돋보이게 한다. 스펙은 쉽게 잊히지만, 스토리는 기억된다. 스펙은 이력을 관리하지만, 스토리는 역량을 관리한다. 스펙은 상대를 배제하지만, 스토리는 상대를 포섭한다. 스펙에게 실패는 감추고만 싶은 기억이지만, 스토리에게 실패는 자랑하고픈 경험이다. 스토리는 기회를 부르고, 마침내 스토리가 스펙을 이긴다.

끌리는 사람은 스토리가 다르다

스펙은 사람을 밀어내지만, 스토리는 사람을 끌어당긴다. 이를 확인할 수 있는 가장 좋은 방법은 내가 쓴 이력서를 친한 친구에게 자랑해보는 것이다. 오늘 했으면 다음번 만날 때도 말해본다. 그리고 친구의 표정이나 반응을 관찰해보라. 스펙은 나누면 나눌수록 관계를 껄끄럽게 만든다.

숭실대 학생들을 대상으로 역량개발프로그램을 맡은 적이 있다. 수업 전에 한 친구가 오늘 발표된 기말고사 성적에서 자신이 과 1등을 했다고 말했다. 이야기를 들은 친구들은 고개를 끄덕이며 별 반응이 없었다. 그것을 지켜보던 내가 그 학생에게 지난주에 재미난 일이 없었냐고 물었다. 그러자 학생은 자신의 이야기를 들려주었는데, 이를 듣던 친구들은 그거 재밌다며 박수를 치고 좋아했다. "여러분, 그 차이 느끼셨나요? 환영받는 것은 스펙이 아니라 스토리라는 것을요." 학생들은 또 한 번 웃음을 터트렸다.

사람들은 엄지와 검지 사이를 눌러서 근육이 뭉쳐 있는지 여부로 체한 것을 확인하곤 한다. 한번은 컨디션이 안 좋아 그 부분을 눌러보니 근육이 심하게 뭉쳐 있었다. 근처의 병원에 가서 진찰을 받았다. "어떻게 오셨나요?" "여기 누르면 체한다고 그러잖아요. 누르니깐 아프고 뭔가 뭉쳐 있는 게 아무래도 체한 것 같아요." "허허 참. 여긴 양의학 병원이에요. 한방은 모르겠지만, 병원에서는 그런 게 아무 의미가 없어요." 진찰은 끝났고 나는 '정상'이란 판정을 받고 병원을 나왔다. '아무 문제가 없다'는 말에 더 걱정이 됐다.

시간이 또 흘렀고, 이번에는 몸이 피곤하고 무거웠다. 어디라고 말할 수 없어 스트레스가 있나 생각했다. 이번에는 한의원으로 가봤다. 나는 과거에는 한 번도 한의원에 가서 진료를 받거나 침을 맞은 적이 없었다. 나를 진찰한 분은 특이하게 한의사와 의사 자격을 동시에 갖춘 분이었다. 문진표를 작성하고, 진맥도 받고, 혀도 내밀어 보고, 청진기로 진찰도 받았다. 그 분이 말했다. "기가 막혔네요." 당황스러웠다. "네?" 순간 뜨끔했다. "기가 막혔다니요?" 그 분의 이야기가 이어졌다. "사람은 단전에서부터 기가 나와서 신체를 돌고 돌아요. 자, 이 그림을 한번 보세요. 이게 다시 단전으로 돌아와야 하는데, 지금 머리에서 내려오다가 막혀서 머리엔 열이 나고, 편두통이 자주 생기고, 가슴에 통증이 느껴지고,

눈이 충혈되거나 소화불량이 나타나는 거예요." 결국 처음으로 침을 맞았다.

혹시라도 오해가 있을까봐 말하지만, 이것은 어디까지나 나의 체험담이다. 양의와 한의 자체를 비교하려거나, 어느 쪽이 더 신빙성 있다는 것을 말하려는 것이 아니다. 내가 말하고자 하는 것은 어떤 서비스든지 간에 고객의 스토리를 받아들이고, 그들에게 스토리로 접근한다면 더 좋지 않을까 하는 것이다. 상대의 스토리를 받아들이고, 또한 스토리를 통해 대응해줄 때 사람은 강한 유대감을 가지게 된다. 한마디로 끌리는 것이다. 병원이든, 학교든, 레스토랑이든, 기업이든 서비스를 제공할 때는 고객이 왜 찾아왔는지를 생각해보고, 그들이 듣고자 하는 스토리를 들려줘야 한다. 한국은 신뢰지수가 낮은 저신뢰사회로 분류되곤 한다. 이런 사회일수록 '신뢰'를 형성하는 스토리가 더욱 필요하다.

그룹 프로세스 컨설팅의 창설자 아네트 시몬스가 쓴 책 《스토리텔링 : 대화와 협상의 마이더스》는 한 여론조사 결과를 소개한다. '신뢰'에 관한 질문에서 응답자의 85퍼센트는 '내가 개인적으로 아는 사람들은 공정할 것'이라고 말했다. 그렇다면 우리는 어떤 사람을 '개인적으로 아는 사람들'로 보는가? 개인적으로 아는 사람들이란 우리가 그의 스토리(his story), 즉 그의 역사(history)를 아는 사람들이다. 스토리는 내가 누구인지를 보여준다. 스펙은 정보의 나열이기에 개인의 반응을 이끌어내는 데 무력하지만, 스토리는 당신을 상대방과 더 가깝게 만들어준다.

스펙으로 사람을 알 수는 없다. 그러나 스토리는 분명 그 사람을 말해준다. 그리고 그 스토리가 진실하다면, 상대는 나의 가능성을 믿게 된다. 기업도 마찬가지다. 스토리에서 발견되는 생생한 역량은 사람을 신뢰하게 만드는 매우 인상적인 단서가 된다.

스토리는 기회를 부른다

내가 진정 원하는 무언가가 있다. 그리고 많은 경우 그것을 얻기 위해서는 누군가의 도움과 지원이 절실히 필요하다. 어떻게 그들의 도움과 지원에 접근할 수 있을까? 나의 꿈을 이루기 위해 나는 어떻게 해야 할까?

서울 시내 모 대학교에서 〈국제개발과 사회적 기업〉이란 주제로 강연을 했다. 개발도상국의 경제·사회·문화 발전을 돕기 위한 국제개발협력이 과거에는 주로 유엔 등 국제기구와 정부를 통해서 이루어졌다. 특히 정부를 통해 이루어지는 것을 공적개발원조(Official Development Assistance)라고 한다. 이러한 패러다임이 서서히 바뀌고 있는데, 그 하나의 모델로 '사회적 기업'을 통한 접근을 소개하는 내용이었다. 극빈층 및 저소득층에게 대출을 해 사업자금을 마련해주는 방글라데시의 그라민뱅크는 일반인들에게도 잘 알려진 대표적인 사례다. 그때 강의를 들었던 한 참석자로부터 이메일을 받았다. 성균관대 2학년 학부생이라고 밝힌 그 친구가 보낸 장문의 이메일은 대략 다음과 같은 내용을 담고 있었다.

얼마 전 아프리카의 부룬디라는 나라에 한 달 동안 갔다 왔어요. 세계에서 두 번째로 가난한 나라라고 해요. 아이들을 많이 만났는데, 그곳에서 본 책이라고는 마을 교회마다 서너 권씩 있는, 다 해어진 찬송가가 전부예요. 책은 제게도 어렸을 적에 수많은 꿈과 상상력을 전달해줬어요. 우리도 그렇게 책을 통해 행복했는데, 이 아이들은 기회가 없네요. 이런 곳에서도 사회적 기업을 통한 도서의 보급이 가능할까요?

이 친구는 스토리를 말하고 있었다. 게다가 편지 내용이 내가 관심 있는 국제 이슈가 아닌가. 곧 만날 날짜를 정했고 논의를 진행시켰다. 그렇게 해서 북스포부룬디(Books for Burundi)라는 프로젝트 그룹이 만들어졌다. 어떤 책을 부룬디의 언어인 키룬디로 번역해 보낼 것인가를 고민한 끝에 이 친구는 국내외 저명 아동작가들에게 편지를 보냈다. 저작권 문제 등으로 어렵다는 답신만 받았던 그는 한 달 후 평소처럼 이메일을 열었다가 깜짝 놀랐다. 혹시나 하고 세계적인 베스트셀러 작가인 로버트 먼치(Robert Munch)

씨에게도 이메일을 보냈는데, 답장이 온 것이었다.

Hi Jihye.
Thank you for your email.
Yes, you have my permission to translate my books in Kirundi for use in Burundi.
Good Luck.

이 학부생은 겁도 없이 이메일을 보냈다. 그리고 "부룬디에서 쓸 수 있게 제 책들을 키룬디 어로 번역해도 좋겠습니다"라는 답변과 함께 "행운을 빕니다"라는 격려까지 받아냈다. 누군지도 모르는 한국의 대학생에게 로버트 먼치가 선뜻 자신의 저작권 사용을 허락한 이유는 무엇일까? 내가 움직였던 것과 같이, 로버트 먼치도 이 친구가 가진 스토리에 동참하게 된 것이다. 스토리는 원형을 지니고 있다. '책은 누구에게나 행복을 전해준다. 그런데 부룬디의 아이들은 책이 없다. 도와 달라'는 스토리는, 이를 전해 듣는 누구에게나 자신의 추억을 떠올리게 한다. 그리고 '맞아. 책은 소중해. 아프리카 아이들도 책을 읽으면 행복할거야'라고 생각하고 '이 스토리를 위해 나는 어떻게 도울 수 있을까' 고민하게 한다. 북스포부룬디는 현재 로버트 먼치의 작품 중 《영원히 사랑해(Love You Forever)》의 키룬디 어 번역을 끝냈고, 동화책으로 출판해 현지에 공급할 준비에 나서고 있다.

'혼자 꾸는 꿈은 그저 꿈이지만, 함께 꾸는 꿈은 현실이 된다'는 오노 요코의 말처럼 스토리는 함께 꾸는 꿈을 만들어준다. 스토리를 통해 사람들에게 자신이 원하는 것을 피력하라. 스토리가 가진 이야기의 상상력은 사람의 감성을 자극하고, 그 수많은 상상력의 틈 속에서 내가 가진 것으로 어떻게 이 스토리를 도울 수 있을지 생각하게 한다.

 스펙은 혼자 꾸는 꿈이지만, 스토리는 자신의 꿈을 함께 달성하고 싶은 꿈으로 변모시켜준다. 스펙은 경쟁자를 만들지만, 스토리는 협력자를 끌어온다. 이력서나 자기소개서, 기타 자신을 알리는 글을 쓰거나, 그들 앞에서 이야기를 하게 될 때, "나는 무엇을 했고, 나에겐 무엇이 있고, 나는 몇 점이다"라는 이야기가 상대를 감동시킬 수 있을까? 그리고 상대를 나의 꿈을 위해 함께 노력하는 협력자로 만들 수 있을까? 나는 이야기라면 가능하다고 생각한다. 스토리는 우리의 꿈을 이룰 수 있도록 돕는다.

사람들은 스펙보다 스토리를 기억한다

　차별점이 없는 스펙은 휘발성이 있지만, 인상적인 스토리는 접착성이 있다. 우리는 어렸을 적 누군가에게 들은 정보나 소식은 거의 기억하지 못하지만, 누군가에게 들은 재미난 일화나 사례는 생생하게 기억하곤 한다. 스토리에는 각인효과가 있어 듣는 사람의 머릿속에 쉽게 자리를 잡는다.

　일제 치하 독립운동에 자신의 삶을 던진 백범 김구 선생님을 떠올려보자. 누가 김구 선생님의 이력을 기억할까? 선생님은 어떤 학교를 나왔고, 어떤 전공을 했고, 임시정부에서는 구체적으로 어떤 일을 했을까? 이런 정보는 여러분들이 의도적으로 찾지 않는 이상 알기가 어렵다. 그렇다면 '백범 김구' 하면 제일 많이 떠오르는 게 뭘까? 대개는 다음과 같은 선생의 '문화 강국'에 관한 고귀한 외침일 것이다.

"나는 우리나라가 세상에서 가장 아름다운 나라가 되기를 원한다. 가장 부강한 나라가 되기를 원하는 것은 아니다. 우리의 부는 우리 생활을 풍족히 할 만하고, 우리의 힘은 남의 침략을 막을 만하면 족하다. 오직 한없이 가지고 싶은 것은 높은 문화의 힘이다. 문화의 힘은 우리 자신을 행복하게 하고, 나아가 남에게도 행복을 주기 때문이다."

호랑이는 죽으면 가죽을 남기고, 사람은 죽어서 이름을 남긴다고 했다. 하지만 조금만 더 생각해보자. 그의 이야기가 있으니 그의 이름이 기억되는 것은 아닐까? 단언컨대 이야기가 없다면 사람은 기억되지 않는다.

정보에 의미를 부여하라

어떻게 영어단어를 외워야 할까 고민하는 친구들에게 자주 추천하는 책이 있다. 실제로 활용해서 두 달간 준비했던 GRE시험에서 꿈 같은 결과가 나오기도 했던 이 책의 제목은 《공부의 비결》이다. 정말 매력적인 제목이 아닌가? 우리 모두는 '어떻게 하면 외운 것을 까먹지 않을까?' 하고 고민한다. 이 책은 '의미 없는 것을 외울 때는 의미 있는 것을 외울 때보다 10배의 시간이 더 필요하고, 그것을 잊어버리는 속도는 10배나 더 빠르다'고 말한다. 즉 뇌의 생리상, 감정적인 것이 섞이면서 의미가 부여되어야 기억은 장기기억으로 전환될 확률이 높아진다는 것이다.

'정보에 감정을 입혀라, 의미를 부여하라.' 이건 바로 스토리이지 않은가. 그래서 암기의 고수들은 흩어진 정보를 하나의 스토리로 연결해서 외운다고 한다. 영어단어를 외울 때도 문장을 만들어 하나의 스토리를 구성해보는 것이다. 자료를 참고하지 않고 연설하기 위해서, 핵심 내용을 하나의 스토리로 구성해 기억하고 있으면 당황하지 않는다.

스펙이 아니라 스토리가 당신의 삶과 동행한다

2009년 11월, 우리 집에 경사가 생겼다. 아기가 태어난 것이다. 아기의 태명은 삼(森)이었다. 아내가 임신했다고 하면 거의 모든 사람이 태명이 무엇인지 물어본다. 태명을 들은 사람들은 또 대부분 "삼? 그게 무슨 뜻이죠?"라고 묻는다. 기다렸다는 듯이 내 스토리는 시작된다. "저와 아내는 결혼하기 전에 스스로를 나무(木)로 생각했어요. 두 사람이 결혼을 했으니 나무가 두 개 붙은 수풀(林)이 됐죠. 그런데 우리에게 아기가 생겼으니 또 다른 새끼나무를 무등 태워서 삼림(森)이 된 거예요. 그래서 아이 태명을 삼(森)이라 지었답니다."

누군가에게 오랫동안 기억시키기 위해 일부러 스토리를 짜서 태명을 지은 건 아니다. 태명을 어떻게 지을까 생각하다가, 나와 아내가 아이와 함께 연결되는 스토리를 만들어보고 싶었을 뿐이었다. 예상치 못했지만, 이 스토리를 들은 대부분의 사람들은

'삼'이란 태명을 기억했다. 많고 많은 태명을 다 기억하긴 어렵다. 하지만 의미를 가지고 스토리와 함께 전달된 태명을 많은 사람들은 기억해줬고, 다음번에 만났을 때는 '삼이 잘 있죠?'라며 안부를 물어봐주었다.

《포지셔닝》이라는 책을 보면 "포지셔닝이란 잠재 고객의 마인드에 어떤 행동을 가하는 것"이라고 정의한다. 고객이 구매하는 것은 자신에게 '최고'라는 제품으로 각인된 브랜드라는 것이다. 스토리는 포지셔닝의 효과를 가져다준다. 스토리는 사람의 마인드에 강력한 각인효과를 가한다. 최고의 스펙이 아니라 최고의 스토리가 당신의 삶과 평생 동행한다.

이력서와 자기소개서 작성을 비롯해, 취업의 첫 관문은 바로 만나보고 싶은 사람이 되는 것이다. 눈으로 보고 싶은 사람, 궁금한 사람, '이 사람 괜찮을 것 같은데' 하고 기억되는 사람이 되는 것이다. 다른 사람에게 기억되고 싶은가? 다른 사람이 내 이름을 부르게 만들고 싶은가? 스토리를 들려줘라.

스토리는 실패마저 환영한다

스펙에게 실패는 감추고만 싶은 추억이지만, 스토리에게 실패는 자랑하고픈 경험이다.

학창시절에 나는 좋아하는 글귀를 책상에 붙여 놓곤 했다. '4시간 자면 붙고 5시간 자면 떨어진다' 같은 건 내 취향이 아니었다. 고3 시절 내가 선택한 글귀는 '새옹지마(塞翁之馬)'였다. 정확히 기억나지는 않지만, '수능 결과가 잘 안 나와도 반전은 가능하다' 정도의 뜻이었을 것으로 기억된다. 원래 새옹지마는 다음과 같은 스토리를 갖고 있다.

변방에 한 노인이 있었는데 기르던 말이 어느 날 사라졌다. 동네 사람이 "얼마나 상심이 크세요?"라고 묻자, 노인은 말했다. "지금의 슬픔은 훗날의 기쁨이 될 수도 있는 것이지요." 얼마 후 사라졌던 말이 아주 혈통이 좋은 말을 데려왔다. 동네 사람은 "얼마나 기쁘세요?"라고 했지만 노인의 대답은 달랐다. "지금의 기쁨은 훗날의 슬픔이 될 수도 있는 것이지요." 아니나 다를까, 노인의 아들이 그 말을 타다가 떨어져 다리가 부러졌다. 동네 사람이 다시 위로의 말을 전하자 노인은 또 말했다. "지금의 슬픔이 훗날의 기쁨이 될 수도 있는 것이지요." 얼마 후 전쟁이 터져 동네 청년들은 전쟁터로 끌려갔지만, 노인의 아들은 다리가 부러졌기에 화를 면했다.

새옹지마 스토리가 전하는 메시지는 무엇일까? 그건 바로 성공만이 앞길을 열어주는 건 아니라는 교훈이다. 삶의 한 순간 한 순간 겪은 실패가 사실은 다음 단계의 문을 여는 황금열쇠일 수 있다는 이 유쾌한 스토리! 새옹지마 스토리를 떠올리면 우리는 외부 환경에 따라 이랬다 저랬다 하는 동네사람들과 같지 않게 평정을 유지할 수 있다.

우리의 삶이나, 삶에서 조우하게 되는 모든 기회는 양면성을 지니고 있다. 어떤 사람에게는 육신을 가두는 감옥이, 어떤 이에게는 《돈키호테》 같은 불후의 명작을 탄생시킨 장소가 되기도 한다. 정약용은 억울하게 귀양을 갔지만, 그는 귀양지에서 《목민심서》, 《경세유표》와 같은 걸작들을 남겼다. 만약 귀양이 없이 조정에서 지냈다면, 그도 평생 정쟁의 소용돌이에서 벗어나지 못했을 것이고 여러 걸작들도 쓸 수 없었을 것이다.

자신의 실패와 단점을 생각해보자

자신이 평소에 단점이라고 생각하는 부분을 떠올려보자. 우리는 '단점' 하면 그 단점이 가진 나쁜 점만 생각한다. 그런데 단점에서 좋은 점도 찾아볼 수 있다. 내성적인 것이 싫은가? 새뮤얼 스마일즈는 《인격론》에서 비사교적인 영국인의 성향은 반대로 다른 성향을 더욱 발전시켰다고 말한다. "영국인들은 수줍음 때문에 남에게 의존하기보다 스스로에게 의존하게 되었고, 그 결과 자주적이며 자립적인 사람으로 성장했다."

우리가 경험한 실패나 단점도 성공과 장점으로 연결될 수 있다. 은퇴를 발표했을 때 "나이키와 게토레이의 주식이 30퍼센트 이상 폭락했다"라는 기사까지 동반했던 농구의 신 마이클 조던은 이렇게 말했다. "나는 지금까지 9,000번도 넘게 슛을 실패했다. 나는 지금까지 300번도 넘게 경기에서 졌다. 나는 계속 실패하고, 실패하고, 또 실패했다. 그것이 내가 성공한 이유다." 실패가 있어야 성공할 수 있다는 믿음, 스토리 사고를 지닌 사람만이 가능한 믿음이고, 그래서 그런 사람에게는 스토리가 있다.

내리막에도 효능이 있다

매일 아침마다 받아보는 '고도원의 아침편지'에 '내리막에도 효능이 있다'는 내용의 글이 있었다. 미국심장학회의 연구결과에 따르면 숲길이 오르막과 내리막으로 적절하게 이루어졌는데, 각기 다른 효과를 지닌다고 한다. 내리막길은 사람의 혈당을 내리고, 포도당에 대한 내성을 증가시켰다. 반면 오르막길을 걷는 경우에는 '트리글리세리드'라는 혈중 지방이 없어졌다. 내려가는 길과 올라가는 길 모두 나름대로의 유익이 있다는 내용이다.

마찬가지로 인생의 오르막길과 내리막길 모두 각각의 의미가 있다. 또한 내려가는 길이 곧 올라가는 길이라는 역설에도 고개가 끄덕여진다. 등산을 해본 적이 있다면, 산 정상을 향해 올라가다가도 중간 중간 등장하는 '내려가는' 길을 걸으며, '왜 내려가지?'라고 생각하진 않을 것이다. 올라가기 위해 걷는 길에 잠시 내려가는 길이 있을 뿐인 것이고, 올라가기 위해 우리는 그저 그 길을 따라가야 한다.

실패를 하지 말아야겠다는 결심을 하지 말자. 실패를 하지 않으면 학습과 도약의 기회는 줄어든다. 실패를 꿈꾸지 말되, 실패를 두려워하지 말자. 실패 자체는 가슴 아픈 일이다. 하지만 스토리의 관점에서 보면 기가 막힌 '감초'가 될 수도 있다.

실패가 왜 최고의 스토리인가?

쓴 약이 몸에 좋다고 하는 것처럼 쓴 경험이 스토리에 '감초'가 되기도 한다. 실패는 곧 실행과 경험이라는 값진 재료로 만들어진 훌륭한 스토리가 있다는 것을 의미한다. 그것을 활용해야 한다. 사실 스펙에는 실패가 들어설 자리가 없다. 어쩌면 실패가 발붙일 수 없는 스펙의 본성이, 스펙이 차별성을 갖지 못하는 근본적인 원인일 수도 있다. 성공 사례는 대부분 전형적이다. 그러나 실패는 그야말로 다채롭고 흥미진진하다. 실패를 경험한 사람들과 실패의 양상은 저마다 고유하다. 그리고 그 과정에서 배우고 익히는 것 역시 아주 내밀하고 개인적인 것이기에 소중하고 값지다. 스토리가 기억되듯, 실패를 통한 교훈 역시 각인된다. 그리고 사람들은 실패의 교훈이 각인된 만큼 우리를 신뢰하게 된다.

사람의 마음을 움직이는 것은 '실패 없는 성공(success without failures)', 즉 스펙이 아니라, '실패에도 불구한 성공(success even with failures)', 즉 우리의 스토리이다. 스토리는 실패도 환영한다. 가장 뼈아픈 실패를 들려주어라. 이야기가 끝나는 순간, 우리를 보는 세상의 눈이 달라질 것이다.

조직은 스펙보다 스토리를 원한다

　스펙은 한 사람을 행복하게 하지만, 스토리는 모두를 행복하게 한다. 스펙 중심의 사고는 '나 아니면 너'의 대결 구도로 만사를 받아들이게 만든다. 반면 스토리 중심의 사고를 하게 되면 내 것이 아니더라도, 내가 주인공이 아니더라도, 기뻐할 수 있다.

　한번은 잘 아는 친구와 선배의 가족들과 식사를 한 적이 있다. 가족 중에는 한두 살 정도 된, 갓 걸어 다니면서 한창 호기심과 소유욕을 드러내는 아이들도 있었는데, 어른들이 식사를 하면서 이야기를 나누고 있는 사이에 심각한 상황이 벌어졌다. 단 하나의 토끼 인형을 두고서 두 명의 남자아이와 한 명의 여자아이가 쟁탈전을 벌인 것이다. 아이를 가진 사람은 잘 안다. 아이들의 세계에서 서로 놀다가 하나밖에 없는 것을 누가 자기 것이라고 주장하면, 금방 울음이 터진다. 토끼 인형은 하나다. 그리고 이 인형을 쳐다보면서 금방 울 것 같은 아이는 세 명이다. 당신이라면 어떻게 문제를 해결하겠는가?

놀랍게도 한 아이의 아빠가 아이들에게 다가가더니 말하기 시작했다! "토끼는 친구를 만나고 싶어 합니다. 오늘은 누구를 만날까? 오늘은 누구랑 놀지?" 그러더니 토끼를 들어 아이들 앞을 천천히 지나갔다. 긴장한 아이들은 조용히 집중하고 있었다. 아빠의 입을 통해 토끼가 말했다. "그래! 오늘은 너랑 놀아야겠다. 친구야, 안녕?" 토끼는 여자아이의 품에 안겼다. 순간 놀라운 일이 일어났다. 토끼를 빼앗긴 다른 두 아이들은 울지 않았다. 토끼가 그 여자아이와 어떻게 노는지 궁금해하는 눈치였다.

스토리는 제로섬 관계가 아니다

스토리의 위대한 점은 일단 내가 그 스토리의 일원이라고 생각되는 순간, 경쟁 구도를 넘어서 함께 스토리의 완성을 위해 협력하게 된다는 점이다. 아이들은 스토리에 들어가는 순간 토끼가 나에게 오느냐 마느냐의 '제로섬' 또는 '나 아니면 너'의 구도를 잊어버렸다. 스토리 안에 거하게 된 아이들은 토끼가 스토리에서 어떤 선택을 하고 어떻게 행복할 것인지를 '나와 너' 구도로 생각한다. 토끼가 자신에게 오지 않아도, 스토리의 전개상 자신도 불행하지 않다.

소설가 이문열은 "이야기는 제로섬 관계가 아니다"라고 말한다. 스토리의 주인공이 꼭 한 사람일 필요는 없다. 누가 합류해도 각 사람이 느끼는 행복은 감소하지 않는다. 북송시대 양산박에 모인 호걸들의 무용담을 그린 《수호지》의 주인공은 108명이다. 108명은 각각 '구름에 들어간 용(임운룡)', '번갯불(벽력화)', '아홉 마리의 용 문신(구문룡)', '의를 불러 보호하다(호보의)' 등의 별명과 의미를 지닌다.

저마다의 개성을 지닌 이들의 등장은 수호지라는 스토리를 독특한 모자이크로 만든다. 각자 '호걸'이 된 사유가 저마다 천차만별이고, 맡은 역할은 다르지만 이들에게는 주인의식이 있다. 《수호지》 앞부분에서 한 번에 한 사람씩 차례로 108명의 고유한 스토리가 묘사되기 때문이다. 108명의 스토리가 어느 순간 합쳐졌을 때, 비로서 《수호지》의 장엄한 스토리가 본격적으로 시작된다. 주인의식만 있으면 내가 108명 중의 한 명이라 할지라도 내 역할이 즐겁고 기꺼이 헌신할 수 있다. 어떤 사람을 위한 조연이나 엑스트라가 아니라, 진정한 '주인공'으로 스스로를 인식하게 만드는 것은 함께 공유하는 스토리가 있을 때에 가능하다.

조직에 어울리는 사람은 누구일까?

현재 나의 '직'으로서 일하고 있는 유엔거버넌스센터에서 다루고 있는 '거버넌스(governance, 협치)'란 개념도 이와 비슷하다. 거버넌스란 '특정한 목표를 달성하기 위해 관련된 모든 주체들이 함께 의사결정에 참여하고 논의해가는 과정'이라고 정의할 수 있다. 즉, 참여하는 누구나 주인이라는 뜻이다. 누군가의 명령과 통제에 따라 움직이는 것은 거버넌스가 아니다. 주인의식을 가지고 논의 과정에 함께 참여한다면, 일단 결정된 사항은 누가 시키지 않아도 열정적으로 실행할 수 있다. 내가 '주인공'이기 때문이다. 꼭 내가 유일해야지 주인의식을 느끼는 것은 아니다. 참여하는 사람이 10명이든 108명이든 내가 주인공이란 사실은 변함이 없다.

매년 10월 24일은 유엔의 창립기념일로서 '유엔의 날'로 기념된다. 한국에서도 기념 행사를 진행하게 됐는데, 아샤 로즈 미기로 유엔사무부총장을 포함해 650명이 참석할 만큼 큰 규모의 행사였다. 원래 계획은 그렇게 큰 행사는 아니었다. 행사를 약 한 달 앞둔 시점에서 행사가 진행될 학교 측의 사정으로 행사장이 바뀌었다. 150명 규모의 세미나실에서 600명이 넘는 대강당이 된 것이다. 센터에는 인턴과 함께 유엔청년홍보위원이라 불리는 10명 남짓의 '봉사단'이 일하고 있다. 이들과 함께 팀을 꾸리고 현장을 방문한 다음, 행사의 내용을 확정하고, 각자의 역할대로 진행하기로 했다. 행사를 며칠 앞둔 시점에서도 몇몇 친구는 자신이 맡은 일의 계획을 세우지 못했다. 이런 상황에서 내가 할 선택은 두 가지다. "시간이 없으니깐 그냥 내게 넘겨요. 내가 만들고 당일에 할 일을 말해줄게요." 아니면 "고민 많죠? 기대하고 있으니까 한번 멋진 프로그램을 만들어 봐요." '거버넌스'를 다루는 나는 어떤 선택을 했을까?

좌충우돌하면서도 큰 문제없이 성공적으로 행사를 마치고 12명의 팀은 늦은 저녁식사를 함께했다. 식사를 하면서 서로의 소감을 나눴는데, 알고 보니 중간고사 시간과 겹쳐서 대부분은 전날 밤을 새우거나, 당일 시험을 보고 점심식사도 못한 채 행사 진행에 매달렸었다. 나야 담당자로서 당연한 수고였지만, 봉사자로 나선 이들에게 미안한 마음이 들었다. 그런데 한 친구가 이렇게 말을 꺼냈다. "괜찮아요. 센터의 행사가 아니라 우리 행사처럼 느껴졌어요. 주인의식이 생겼거든요." 순간 울컥했다. '유엔 축제'라는 스토리를 공유한 이들은 이미 누구를 위해서가 아니라 주인공인 자신을 위해 일했던 것이다. 내가 주인일 때는, 밥을 걸러도, 밤을 새웠어도, 스토리를 멈출 수 없다.

함께 승리할 줄 아는 사람이 필요하다

화려한 스펙이 없다고 문제가 될 것은 없다. 나는 특히 취업을 준비하는 학생들과 기회를 찾고 있는 모든 젊은이들에게 말하고 싶다. 자칫 스펙은 스스로를 자기 인생의 들러리로 만들기 쉽다. '나한텐 이것이 부족해', '저 사람들에겐 저것이 있을 거야', 자신의 부족한 면만을 보는 태도가 더욱 열심히 살도록 채근하기도 하지만, 잘못하면 인생의 커다란 방향성을 잃게 하거나 환경만을 탓하게 할 수도 있다.

내 인생의 주인공은 바로 '나'다. 그리고 설령 부족한 것이 있다 할지라도 우리는 충분히 주인공이 될 자격이 있다. 스스로 기회를 차단하는 것이야말로 가장 어리석은 일이다. 자신을 긍정하고,

'나는 이것을 잘해' 혹은 '나에겐 이런 점이 있어'라고 생각했으면 좋겠다. 이렇게 할 줄 아는 사람이야말로 사람들과 긍정적인 에너지를 나누며 일할 수 있다. 조직은 함께 승리하고 기뻐하는 사람을 필요로 하기 마련이다.

스펙은 다른 사람과 비교하게 하지만, 스토리는 나를 점검하게 한다. 마찬가지로 스펙이 나를 우월하게 만들어 줄지는 모르지만, 스토리는 나를 돋보이게 한다. 누가 더 주목을 받을까? 누가 더 자신감과 자의식이 건강할까? 누가 더 함께 일하고 싶은 사람일까? 1등, 만점 등의 최고의 스펙일까? 아니면 자신의 분야에 대한 열정으로 스토리를 만들어가는 그 누구일까?

"많은 사람, 많은 기업 가운데서 최초가 되는 길을 택하라." 이것이 마케팅 분야의 베스트셀러 《포지셔닝》이 말하는 제1원칙이다. 역사적으로 볼 때 소비자 인식의 첫 번째 자리를 차지한 브랜드만이 확고한 시장 점유율을 확보하고 유지해왔다는 것이다.

하지만 최초가 이미 강력한 자리를 차지하고 있고 최초가 되는 길이 불가능하더라도 아직 방법은 있다. 제2원칙은 "만약 어떤 범주에서 첫 번째가 될 수 없다면 당신이 첫 번째로 인식될 수 있는 새로운 범주를 만들어라"이다. 시장을 새롭게 정의하고, 새로운 고객층을 만들어서라도 새로운 영역의 첫 번째 주자가 되라는 말이다.

여기에 스토리는 새로운 포지셔닝 법칙을 내놓는다. 이 법칙은 기존의 시장이든 새로운 시장이든 가리지 않는다. 제3원칙은 "해당 영역에서 스토리를 확보하라. 1등이 아닐지라도 당신은 주목받게 된다"로 정리된다. 이 원칙에 따르면 브랜드의 성공에 1등은 크게 의미가 없다. 1등을 밀어내고 1등 자리를 차지하는 게 목표가 아니라, 1등에게는 없는 스토리를 창출해 점유하는 것이다. 스토리는 우월하진 않아도 두각을 나타낸다. 스토리는 스토리를 갖고 있는 사람과 상품을 돋보이게 만들고, 그와 그것을 필요로 하는 사람들에게 영향력을 발휘한다.

"당신을 뽑아야 하는 이유는 뭐죠?"

외교통상부에서 1년에 5명 정도를 선발해 유엔에 파견하는 국제기구초급전문가(JPO) 시험은 매년 경쟁률이 엄청나다. 선발전형은 TEPS 시험과 필기 시험, 그리고 국영문 면접으로 이루어지는데, 역대 합격자에는 해외에서 유학을 한 여성들이 많은 편이다. 그런데 한 남성 지원자가 면접까지 가게 됐다.

"JPO에 당신을 뽑아야 하는 이유는 뭐죠?"라고 면접관이 물었다. 그 지원자는 당차게 말했다. "토종도, 남자도 키워주세요." 물론 이 대답만으로 합격한 것은 아니다. 하지만 이 말에는 단순한 스펙을 넘어서는 여러 가지 스토리가 포함되어 있다. '토종도 자격이 있다. 토종이긴 하지만 나는 이렇게 노력해왔고, 이런 구체적인 준비를 해왔다' 라는 스토리를 말하는 순간, 그는 경쟁이 치열한 스펙 레이스를 벗어날 수 있었다.

스토리에 대해 후배들에게 말하다보면 '취업시장 현실이란 점수에 따라 뽑힐 수밖에 없는 상황인데, 스펙이 아니라 스토리로 밀고 나간다는 게 현실적일까요?' 라는 질문을 종종 받는다. 물론 취업 전형에서 스토리만으로 뽑기는 어려울 수 있다. 소위 말하는 객관적 전형이 필요하기 때문이다. 하지만 스펙만으로는 뽑지 않는다는 것도 알아야 한다. 스펙의 객관성으로는 그 사람의 주관적인 역량을 검증할 수 없기 때문에 최근엔 '역량 중심' 면접이라든지 다양한 평가 방법이 활용되고 있다.

가능성을 확장시키는 힘

스펙은 콘텐츠로의 확장성이 부족하다. 이력서의 스펙만으로는 개인이라는 '콘텐츠'의 방향성과 미래상을 그리기 어렵다. 오늘날의 화두가 되는 '알맹이' 콘텐츠란 가공하기에 따라서 무한한 부가가치 상품을 만들어낼 수 있는 기회의 원천이다. 하나의 강력한 콘텐츠는 책으로, 영화로, 게임으로, 팬시용품으로 활용될 수 있는 '원 소스 멀티 유즈(One Source Multi Use)' 확장이 가능하다.

　개인도 자신을 스토리로 만들어갈 때 그런 확장, 삶의 도약, 대약진이 가능하다. 스토리에는 그 사람의 과거와 앞으로 나아갈 잠재성이 나타난다. 어떤 기회가 주어질 때 그 사람이 성장할 수 있고, 어떤 기회가 그에게 필요한지를 스토리를 듣는 사람은 파악하게 된다.

　학교를 그만두고 농사를 지으면서도 마을에 전기를 공급하겠다는 꿈을 버리지 않았던 말라위의 '풍차 소년' 캄쾀바의 스토리는 한 블로거를 통해 전 세계로 퍼져나가게 되었고, 이를 계기로 그는 아프리카혁신회의에 초대받아 연설을 했다. 지금은 아프리카 리더십아카데미의 연구원으로서 아프리카의 개발혁신을 위해 성장하는 중이라 한다.

　과연 무엇이 초등학교 졸업생인 그의 삶을 대약진하게 만들었을까? 블로그의 힘도 있었지만, 그에겐 '포지셔닝' 제3법칙 '해당 영역에서 스토리를 확보하라'가 있었다. 그가 가장 뛰어났기에 국제회의에 초대받아 더듬거리며 연설을 했을까? 가장 뛰어났기에 리더십아카데미의 연구원이 되었을까? 스토리는 당신이 생각하지 못하는 지점으로 당신을 확장시킨다. 스토리는 '원 스토리 멀티 점프(One Story Multi Jump)'가 가능하다.

PART THREE

당신의 스토리는 어떻게 평가되는가?

스토리를 살아 있게 하는 것은 바로 스토리를 지지하는 경험들이다. 이때 경험이란 말을 조금 세련되게 바꾸어 표현한 것이 바로 역량이다. 역량이 없는 스토리는 공허하고, 진실 되게 느껴지지 않는다. 말뿐인 스토리에 사람들은 감동하지 않는다. 그것이 바로 스토리텔러(story teller)와 스토리두어(story doer)의 차이다. 구체적인 스토리의 구성 요소, 즉 경험이라는 역량을 곳곳에서 제시하는 스토리에는 자연스럽게 사람들의 이목이 집중된다. 튼튼한 스토리는 역량이 생생하다.

튼튼한 스토리는 역량이 생생하다

'뜬구름 잡지 마라'는 이야기를 들은 적이 있는가? 아무리 번듯한 스토리라도 '이것'이 없으면 '뜬구름'이란 딱지가 붙는다. 이때의 '이것'은 바로 역량(competency)이다. 스토리는 곧 역량이라고 해도 과장이 아닐 정도로, 역량은 스토리의 A에서 Z까지를 보여준다. 역량이란 "개개인이 보유한 구체적인 기술, 특성, 태도의 총합"을 의미하며, 직무를 달성하는 데 필요한 기본 능력이다. 역량은 '내가 아는 것'을 말하는 지식이 아니라 '내가 행하는 것'을 의미한다. 유엔과 국제기구에서 일하고 싶어 하는 사람들에게 종종 '국제기구 진출에 필요한 것이 뭐냐고' 되묻는다. 외국어능력, 국제이슈 파악, 최소한 석사학위 등이 공통으로 나오는 대답이다. 그러나 문제는 이런 것들은 모두 지식에 관한 측면을 보여주는 것일 뿐 그 사람의 실제 업무 수행역량에 대해서는 침묵한다는 것이다.

아리스토텔레스가 스토리의 기본은 '행동'이라고 한 것을 기억해보라. 누군가를 창의적이라고 말하는 것은 '창의적인 아이디어를 얼마나 가졌는가'의 관점이 아니라 '아이디어를 얼마나 창의적으로 실천했는가'의 관점에서다. 괴테는 "우리 자신을 어떻게 알 수 있는가? 그것은 생각을 통해서가 아니라 행동을 통해서다"라고 말한다. 따라서 역량은 일상생활에서 관측이 가능하고, 역량의 보유 여부를 측정할 수 있는 지표 역시 존재한다. 스토리란 뜬구름이 아니다. 구체적으로 관찰이 가능한 특정한 행동이 스토리의 기본이다.

수많은 기업과 조직이 자사가 표방하는 핵심 역량을 선포하고, 채용을 진행할 때 역량의 보유 여부를 면밀히 점검하는 이유는 무엇일까? 어떤 사람의 미래를 예측할 수 있는 최상의 방법은 그 사람의 과거를 살펴보는 것이기 때문이다. 역량은 '오래된 미래'라고 불린다. 당신의 과거 모습 속에 미래의 모습이 투영되어 있다는 뜻이다. 과거에 했던 행동이라면, 미래에도 그 행동은 계속될 확률이 높다. 과거에도 현재에도 행하지 않는 어떤 행동은 미래에 재현될 가능성이 희박하다. 팀워크 역량을 중시하는 회사는 '맡겨만 주시면 팀워크를 위해 최선을 다하겠습니다'라고 말하는 지원자의 말을 곧이곧대로 믿지 않는다. 그 지원자가 과거에 팀워크와 관련된 어떤 스토리를 만들어냈는지를 조사해볼 것이다.

2010년 초에 방송된 〈글로벌 인재, 세계를 품다〉란 다큐멘터리에서 금융기업의 한 인사담당자는 "흔히 취업을 위해 외국어 실력을 쌓고 자격증을 취득하기 위해 애쓰지만, 자기 일을 스스로 찾아서 할 수 있는 능동적인 사람이 되는 게 더 중요하다"라고 말했다. 다큐멘터리는 결론적으로 자격증, 학점 같은 '하드스킬' 보다 창의성, 리더십 같은 '소프트스킬'이 글로벌인재가 갖추어야 할 것이라고 결론짓는다. '자기 일을 스스로 찾아서 할 수 있는 능력'이 바로 역량이다. 《생존력》이란 책에는 일본 정부가 '사회가 정말로 원하는 개인의 능력'을 조사해 '사회인의 기초력 12가지'로 발표한 내용이 소개되고 있다. 이것들을 핵심 역량으로 봐도 무방하다.

주체성: 자진해서 일에 매달리는 힘

설득력: 다른 사람을 설득해서 끌어들이는 힘

실행력: 목적을 설정하고 행동하는 힘

과제 발견력: 현상에 맞는 과제를 확실히 하는 힘

계획력: 과제를 해결하기 위한 프로세스 설정 능력

창조력: 새로운 가치를 만들어 내는 힘

발신력: 자기 의견을 알기 쉽게 전하는 힘

경청력: 다른 사람의 의견을 정중히 듣는 힘

유연성: 다른 의견을 이해하는 힘

정황 파악력: 주변 사람과 일의 관계를 이해하는 힘

규율성: 룰과 약속을 지키는 힘

스트레스 조정력: 스트레스에 대처하는 능력

몇 시간 있으면 부패해버리는 '스펙'이라는 물고기 몇 마리가 아니라, 자신이 낚았던 고기임을 인증하는 '역량'이라는 사진을 제시하라. 물고기를 잡는 역량이 물고기 몇 마리보다 더 중요하다.

내가 하고자 하는 분야가 명확하지 않으면 역량을 준비하지 못한다. 내가 몸담고자 하는 분야에 필요한 핵심 역량이 무엇인지 확인해보고, 그 역량을 갖출 수 있는 다양한 '행동'의 증거를 갖추어나갈 필요가 있다. 회사라면 보통 홈페이지에 자신들이 요구하는 핵심 역량이 무엇인지 자세히 설명해놓고 있다. 그런 핵심 역량은 그냥 보기 좋게 나와 있는 게 아니라 '우리 조직에서 일하고자 한다면 이런 역량을 준비해주세요'란 메시지다. 어떤 조직이든 핵심 역량을 갖춘 지원자가 오기를 기대하지만, 역량보다는 일반 스펙만 왕창 들이대는 지원자들 때문에 인사담당자도 곤혹스럽다. "내 스펙을 가지고 왜 떨어졌는지 이해가 안 돼요. 해명해주세요"란 이메일에 답장을 보내야하기 때문이다. 스토리를 진실되게 만드는 것은 해당 스토리의 실현에 필요한 역량이다.

취업을 위한
역량 개발법과
역량 구성법

　역량은 지금 내가 행하는 구체적인 행동을 통해 개발할 수 있다. 지금 뚜렷한 역량이 없더라도 좌절할 이유는 없다. 지금 만들어가는 행동이 미래의 역량으로 구체화될 수 있다. 역량이란 자격증이나 시험처럼 한 번에 획득하고 끝낼 수 있는 것이 아니다. 절대적인 기준치가 존재하지 않고, 개개인이 가꾸는 만큼 역량은 성장할 수 있다. 역량은 또한 공식적인 학위나 훈련 외에도 개인적으로 참여하는 비공식적인 훈련, 코칭, 자원봉사를 통해서도 강화된다. 오히려 한국사회에서는 주어진 공식 루트만 따라가면 역량 개발에 소홀하기 쉽다. 개인의 '과외' 활동이 반드시 필요하다. 사실 어떤 사람의 뛰어난 역량은 갑자기 획득된 것이 아니다. 그렇게 되기까지는 해당 역량에 대한 반복적인 행동이 쌓여야 한다. 미국의 유명한 배우이자 가수였던 에디 칸토어는 '하루아침에 성공했다'는 평을 들은 뒤에 다음과 같이 말했다. "하룻밤 사이에 성공하는 데 20년이 걸렸다." 어느 날 갑자기는 과거의 꾸준함이 낳은 결과이다. 당신도 하루아침에 성공할 수 있다. 그 아침이 오기 전 무수한 밤을 준비하면 된다.

핵심 역량을 파악하라

역량 개발의 첫 번째 단계는 자신이 뛰어들 영역과 관련된 핵심 역량이 무엇인지 파악하는 것이다. 어떤 조직이든 공통적인 핵심 역량이 존재하지만, 회사 창업이념과 기업주의 철학에 따라 특별한 역량이 강조되기도 한다. 대기업의 예를 들면, 삼성전자는 '실무형 인재', LG는 '글로벌하고 합리적인 인재', SK는 '야성적 인재' 등이다. 한 일간지가 직접 기업인사팀에 '회사 인재상에 가장 걸맞은 신입사원'의 유형을 의뢰해 받은 결과다. LG전자가 '대표 신입사원'으로 뽑은 박병혁 씨는 LG의 대표적 전문역량인 '글로벌 감각'이 뛰어났다. 즉 '글로벌 감각'이란 역량을 실증할 구체적인 사례, 스토리가 있었던 것이다. 박씨가 '본인이 이룬 가장 큰 성취가 있다면'이란 제목으로 쓴 자기소개서 일부가 언론에 공개된 적이 있다.

〈국내 최초로 미국 최대 디지털 음반시장인 아이튠즈(iTunes) 스토

어와 계약 체결 성공〉

JYP엔터테인먼트에서 인턴으로 근무하는 동안 저는 큰 프로젝트 하나를 직접 지시받은 적이 있습니다. 바로 JYP의 디지털 음원을 미국 애플사와 직접 계약해 아이튠즈 스토어에 론칭하는 것이었습니다. 한 달 일한 인턴으로서는 무척 당황스러웠던 게 사실입니다. 그러나 저는 이를 오히려 기회로 보고 바로 프로젝트에 착수했습니다. 미국 애플 본사에 전화해 음원협약 계약에 관한 절차를 알아냈고, 미국 국세청(IRS)에 사업등록을 했습니다. 영국에 본사를 두고 있는 국제 표준음원코드(ISRC)로부터 JYP의 고유 음원 코드를 발부받았습니다. 이 같은 절차를 거쳐 비로소 인가가 까다롭다는 아이튠즈 스토어와 디지털음원 판매 파트너 협약을 맺을 수 있었습니다. 정상적 절차대로라면 5개월이 걸렸어야 했지만, 제게 주어진 시간은 한 달이었습니다. 매우 재촉했기 때문에 프로젝트를 완수할 수 있었습니다. 무엇보다 뿌듯했던 것은, 제가 달성한 일이 한국 음반업계 최초로 미국 아이튠즈 스토어와 맺은 계약이었다는 것입니다.

역량을 갖추었다는 것은 이처럼 뚜렷한 스토리로 증명된다. 채용담당자는 이런 스토리를 들으면서 입사 후에도 이러한 글로벌 감각이 계속될 것이라는 확신을 갖게 된다. 해외연수, 배낭여행 몇 회, 방문국가 몇 개국이라는 스펙식의 나열로는 절대 그런 확신을 갖게 할 수 없다. 그것이 글로벌 감각이든, 민첩한 의사판단이나 꼼꼼한 분석능력이든 내가 갖추어야 할 핵심 역량을 일단 파악해야 한다.

핵심 역량을 행동 지표로 구성하라

역량 개발의 두 번째는 파악된 핵심 역량에 대한 행동 지표를 나름대로 구성하고, 이를 매일의 삶 속에서 실천해보는 단계다. 예를 들어 리더십이라는 핵심 역량을 준비해야 한다고 생각해보자. 리더십이란 역량을 관측할 수 있는 지표로 '목표 달성에 필요한 전략 개발', '구성원에게 권한 위임', '원칙 중심의 선택', '현상이 아닌 변화 추구' 등을 생각해볼 수 있다. 일단 지표가 확정되면 일상생활에서 해당 지표를 구체적인 행동으로 구현해본다. 복잡하게 생각할 필요가 없다. '원칙 중심의 선택'은 다음과 같이 측정이 가능하다. '팀원들이 유료 보고서 사이트의 내용을 다운받아 활용하자고 했을 때 그건 올바른 선택이 아니라는 점을 피력했고, 유료 보고서를 참고하는 건 없던 이야기가 됐다.' 지표가 구체적이면 구체적일수록 개개 역량에 대한 행동을 갖춰나갈 수 있다. 역량은 특별한 경험을 통해서 갖춰지는 것이 아니라, 일상의 선택과 소소한 경험을 통해 개발된다. 역량은 곧 스토리이기에, 경험하는 것이지 스펙처럼 쌓아갈 수 있는 것이 아니다.

역량별로 스토리를 구성하라

역량 개발의 세 번째는 각 역량별로 기록을 통해 스토리를 구성해 가는 단계다. 구체적인 내용을 기록해가지 않으면 역량을 평가하는 면접에 임했을 때 생각이 나지 않아 진땀을 흘릴 수 있다. 자신만의 역량노트를 만들어 그곳에 자신이 귀하게 여기는 역량별로 소중한 스토리를 적어간다. 그것이 성공이든 실패든 상관없다. '행동'이 있었고, 경험을 했다는 것이 중요하다. 과연 역량은 이렇게 개발될 수 있을까? 먼저 다음의 글을 읽어 보자.

나는 누구일까요? 나는 당신의 영원한 동반자입니다. 또한 당신의 가장 훌륭한 조력자일 뿐 아니라 가장 무거운 짐이 되기도 합니다. 나는 당신을 성공으로 이끌기도 하고 실패의 나락으로 끌어내리기도 합니다. 그렇지만 당신 행동의 90퍼센트가 나 때문에 좌우됩니다. 나는 당신의 행동을 빠르고 정확하게 좌지우지합니다. 나에겐 그것이 매우 쉬운 일입니다. 당신이 어떻게 행동하는지 몇 번 보고 나면 나는 자동으로 그 일을 해냅니다. 나는 위대한 사람들의 하인일 뿐 아니라 모든 실패자들의 주인이기도 합니다. 나는 인공지능 기계처럼 정밀하지만 그렇다고 해서 기계는 아닙니다. 나를 당신의 이익을 위해 이용할 수도 있고, 당신의 실패를 위해 사용할 수도 있습니다. 그것은 나와는 아무런 상관이 없습니다. 나를 착취하십시오. 나를 훈련시키십시오. 그리고 나를 확실하게 당신의 것으로 만든다면 나는 당신의 발 앞에 이 세상을 가져다줄 것입니다. 만일 당신이 나를 가볍게 여긴다면, 난 당신을 파멸의 길로 이끌 것입니다. 내가 누군지 아시겠습니까?

위의 '누구'는 누구일까? 그는 바로 '습관'이다. '주제를 갖춘 습관'이 역량이라고 할 수 있다. 나는 성격이 내성적이어서 사람들 앞에서 공개적으로 말하는 것을 무척 힘들어했다. 하지만 계속되는 연습을 통해 지금은 강연을 하면 오히려 피곤하던 몸과 마음이 재충전된다. 커뮤니케이션, 팀워크, 창의력과 같은 역량이 하나의 습관처럼 터져 나올 수 있도록 준비해보라. 내성적이든 외향적이든 혈액형이 어떻든 변명하지 말고, 행동을 반복해 습관으로 만들자. 타고난 성향도 개발된 습관을 이길 수 없다.

역량 면접에 대비하는 효과적인 방법

역량은 행동이기 때문에 역량의 보유 여부는 객관적으로 관찰이 가능하다는 점에서 스펙과 비슷하다. 하지만 점수나 자격증 보유 여부가 아닌 구체적인 스토리로 평가된다는 점에선 스펙과 다르다.

역량을 평가하는 구체적인 방법은 면접이다. 헤드헌팅 회사인 커리어케어는 국내 주요 기업의 8대 채용 트렌드 중 하나로 '역량 면접(competency-based interview)'이 확산되고 있다고 밝혔다. 지원자의 과거 행동을 바탕으로 미래를 예측하는 방법인 역량 면접은 무엇이며, 어떻게 대비해야 할지 알아보자.

역량 면접을 준비하라

역량 면접은 과거 면접과는 질문 자체가 다르다. 일반적인 면접이 '만약'이라는 가정형 질문을 한다면, 역량 면접은 '사례를 말해주세요'라는 실제형 질문을 한다. 가정형 질문에는 누구나 편하게 답변할 수 있다. 비록 자신이 상대방의 의견 경청이나 커뮤니케이션에 약하다 해도 '만약 팀에 문제가 생겼다면 어떻게 하겠습니까?'라는 질문에는 '멋진' 모범답안을 말할 수 있다. 하지만 역량 면접의 질문은 그렇게 임기응변으로 답할 수 없다.

유엔의 역량 면접에서 실제로 나왔던 질문들은 다음과 같다. "배경이 다른 사람과 함께 한 팀에서 일하는 것이 어려웠던 때에 대해 말해보세요", "대인관계 기술이 팀의 목표를 달성하고 기한을 준수하도록 도왔던 상황에 대해 말해보세요" 이러한 질문의 공통점은 구체적인 스토리를 요구한다는 것이다. 실제 그런 경험이 없이는 절대로 대답할 수 없는 질문들이다.

특별한 경험이 아니라 일상 사례에 주목하라

사실 역량 면접 질문을 받으면 먼저 머릿속이 새하얗게 된다. 무엇을 말할지 구체적인 스토리를 생각하는 데만도 머릿속이 복잡한데, 어떻게 그 이야기를 조리 있게 말할 수 있을지 고민스럽기 마련이다. 실제로 강의나 워크숍에서 만나는 후배들에게 역량 면접 질문을 해보면 거의 대다수는 웃기 시작한다. 그만큼 막막하다는 뜻이다. '무엇이 가장 막막하냐?'고 물으면 또한 대다수는 '질문과 관련된 사례를 찾기가 어렵다'고 말한다. 이들이 사례를 찾기가 어렵다고 하는 이유는 대부분 사례를 너무 특별한 경험 속에서만 찾으려는 경향 때문이다. "일상의 작은 사례에서 찾아보라"로 주문하고 다시 질문을 했다. "해야 할 일이 많아질 때 어떻게 스스로를 관리하는지 말해보세요." 거창하게 생각하면 막막했지만, '어젯밤, 친구와, 학교에서'와 같은 구체적인 '작은' 단서들을 붙이자 멋진 스토리들이 뿜어져 나왔다. 한 친구의 답변은 이랬다. "최근 아르바이트와 학교 수업을 병행하게 되면서, 내가 원하는 것은커녕 빨리 해결해야 할 사항들까지도 이리저리 밀리게 되고 뒤죽박죽되는 상황이 터졌어요. 어떻게 해야 하나 고민하다가 그 전날 일기를 쓰면서 다음날 할 것을 미리 적어보기 시작했어요. 중요한 것부터 차례대로 적어가면서 우선순위가 무엇인지 확인했어요. 그렇게 되니 자연스럽게 목표를 달성하는 나만의 습관을 개발하게 됐어요." 질문에서 확인해보고자 한 핵심 역량은 '조직력(organizing)'이었다. 어떤 질문이든 그 질문은 특정한 핵심 역량과 연결되어 있다. 질문을 던지는 면접자가 듣길 원하는 그 핵심 역량이 무엇인지 질문을 통해 먼저 유추해보면, 좀 더 쉽게 자신만의 적절한 사례를 찾아낼 수 있다.

STAR 원칙과 CAR 원칙

일상의 작은 사례가 떠오르면 STAR 또는 CAR 원칙에 따라 이야기를 하듯 자연스럽게 말하면 된다. STAR는 상황(situation), 임무(task), 행동(action), 결과(result)를 뜻하고, CAR는 배경(context), 행동(action), 결과(result)를 의미한다. 어떤 방법을 쓰든 '행동'이 빠져서는 안 된다.

역량 면접의 또 다른 특징 중 하나는 '실패', '어려움' 등을 묻는 질문이 많다는 점이다. 이런 질문은 사실 당혹스럽다. '성공이면 할 말이 많은데, 굳이 실패 사례를 말하라니!' 라고 생각한다면 역량과 스토리에 대한 이해가 아직 부족하다는 뜻이다. 스토리는 성공이든 실패든 동등한 의미를 갖는다. 오히려 실패에 대한 관심이 많은데, 한 번도 실패를 안 해 본 사람보다 실패를 미리 해본 사람이 미래에 실패할 확률이 상대적으로 낮기 때문이다. 중요한 것은 그 경험을 통한 교훈(lessons learned)이고, 교훈을 얻어냈다면 다음의 비슷한 상황에서 더 좋은 성과를 낼 수 있다는 것이 역량의 관점이다.

역량 이력서 작성하기

역량 면접 말고도 자신의 이력서를 역량 이력서(competency-based resume)로 만드는 것도 하나의 방법이다. 다른 이들이 이력서를 스펙으로 도배할 때, 역량으로 채워진 이력서를 제출하면 그 도배지 위에 멋진 스토리 액자를 걸어놓은 것처럼 산뜻한 주목을 받을 수 있다. 자신의 업과 관련된 핵심 역량을 파악하고, 그 핵심 역량에 관련된 구체적인 행동을 성과로 삼아 기록하는 것이 역량

이력서의 특징이다. 한눈에 핵심 역량에 대한 이해와 핵심 역량을 준비하고 있다는 인상을 주는 데 충분하다. 샘플을 바탕으로 각자의 아이디어를 반영해 자신만의 역량 이력서를 완성해보자.

[예시] 역량 이력서 작성법

김보람

주소: 서울시 종로구 xxx 연락처: xxx-xxx-xxxx 소셜미디어: @borankim123

사명과 개인의 목표
나는 혁신적인 인적 자원 발굴과 개발을 통해 영리기업의 성장이 지속가능하게 한다.

학력: 한국대학교 경영대학교 경영전공 (2008~)
커뮤니티: 대학생경영전략협회 회계(2009), 한국대학생경영학회 준회원(2008), 새터민학습지원조직 '선한이웃' 총무(2009~)

커뮤니케이션	팀워크
대학생경영전략협회 격월간지 '청년행진' 편집 및 기사작성 5건 (2009~현재) (참고: www.youngmarch.com/articles)	'We Can' 프로젝트 기획, 전국네트워크 구축(2010~현재) – 전국집행단과 지역집행단 온라인/오프라인 회의 주관(월 1회) – 지역집행단 대상 리더십&멘토링 프로그램 진행(2회)
책임성	**고객지향**
새터민학습지원조직 총무로서 봉사프로그램 개발 및 진행사항 모니터링 (참고: satermin.kr/monitoring)	
기획 및 조직력	**기술지식**
학생문화제 기획 및 실행 (09.8.5~10.5) – 외부협찬 3개 기업 확정 및 500만 원 확보 – 학생문화제 자원봉사자 매뉴얼 개발 및 교육	
창의성	**자기학습**
대학생경영전략협회 격월간지 '청년행진' 편집 및 기사작성 5건 (2009~현재) (참고: www.youngmarch.com/articles)	독서: 2008년 이후 누적 354권 (수업교재 제외)/ 목록: boramkim123.com/booklist

어학능력: TOEIC 880점 / HSK 6급
특별활동: 중국배낭여행(동북3성, 2009)
봉사활동:
상훈:
기타:

▶역량의 기초 1. Reading

읽고,
읽고,
또 읽어라

독서가 역량 개발에 얼마나 중요한지 사람들은 잘 알고 있다. 그러나 사람들은 독서를 실천하지는 않는다. 과연 왜 그럴까? 나는 그 실마리를 단군신화에서 찾았다. 단군신화와 책읽기가 무슨 관련인지 의아하겠지만 우선 단군신화 스토리를 떠올려보자. 곰과 호랑이에게 미션이 주어진다. 쑥과 마늘을 먹고 100일을 버티면 인간이 될 수 있다. 곰과 호랑이는 똑같은 미션에 참가했지만, 쑥과 마늘만 먹고 살아가기가 너무 힘들었던 호랑이는 중간에 포기해버린다. 곰은 끝까지 미션을 완수해 여자가 되고 환웅과 결혼해 단군을 낳게 된다. 이제 생각해보자. 호랑이는 왜 중도에 포기하고 말았을까? 물론 쑥과 마늘만 먹는 게 힘들어서 포기했을 것이다. 그런데 만약 쑥과 마늘을 먹을 때마다 하루하루 몸의 일부분이 사람으로 변해가는 것을 스스로 확인할 수 있었다면 그래도 포기했을까? 눈에 보이는 변화가 있었다면 호랑이도 꾹 참았을 것이다. 책읽기는 쑥과 마늘과 같다. 책이라는 게 오늘 한 권 읽고, 일주일에 몇 권을 읽어도 도통 느껴지는 변화가 없다. 마찬가지로 1년에 10권을 읽어도 사는 데 별 지장이 없고, 특별히 부정적인 변화를 느낄 수도 없다. 그런데 99일까지는 아무런 변화가 없었지만 100일 때 곰이 사람으로 변했던 것처럼 책읽기가 쌓이는 어느 '100일'이 되었을 때, '책 읽은 사람'과 '책을 읽지 않은 사람'의 차이는 상상을 초월한다.

나는 대학교를 입학하기 전에 한 잡지에 실린 어떤 저명인사의 칼럼을 읽고 충격을 받은 적이 있다. '대학생이 졸업 전까지 책 100권도 읽지 않는다'라는 꾸지람이었다. '설마'라는 생각에 나는 대학에 입학하면서 1,000권의 책을 읽어 그 사람이 잘못 생각했다는 것을 증명하겠다고 마음먹었다. 그리고 그런 '불만'으로 시작한 책읽기가 내 대학생활의 커다란 나침반이 되었다.

대학에 입학할 때에는 비슷비슷해 보이는 사람들이 왜 졸업 후에는 누구는 큰 역량을 발휘하고 누구는 그러지 못할까? 나는 만나는 선배들에게 '다시 대학 1학년으로 돌아간다면 무엇을 하고 싶으세요?'라고 물었다. 대부분의 대답은 '책읽기와 여행'이었다. 나는 '책읽기는 졸업 이후의 삶을 강력하게 만든다'는 가설을 세웠다. 그리고 내 삶을 통해 그 가설을 입증하기로 했다.

가설을 입증하는 실험은 지금도 여전히 진행 중이다. 나는 현재까지 약 1,200권의 책을 읽었다. 아직 부끄러운 분량이다. 단군신화처럼 책을 읽은 그 당시에는 어떤 구체적인 효능도 느낄 수 없었다. 그러나 학교라는 울타리를 벗어나고, 사회라는 더 큰 공간에 홀로 섰을 때 알 수 있었다. 기획을 하거나, 글을 쓰고, 사람을 만나 대화를 나누고, 프로젝트를 추진하는 데에서 확실히 다른 힘이 느껴졌다.

책읽기의 과정은 곧 생각의 과정인데, 한 권의 책을 읽을 때마다 내 두뇌라는 '밭'이 한 번씩 일궈진다. 농부가 밭을 뒤엎는 이유는 딱딱한 흙에 생명을 불어넣기 위함이다. 책은 커다란 호미와도 같다. 한 번 호미질을 한다고 대단하지는 않지만, 호미질이 계속되면서 책읽기의 효과가 드러난다. 어느 통계에 따르면 우리나라 직장인의 평균 독서량은 12권이라고 한다. 이래서는 '재 넘어 사래긴 밭을 언제 갈려 하느냐'는 탄식만 나올 뿐이다. 책을 읽는 것 자체가 중요한 것이 아니라, 책읽기를 통해 변화되는 생각의 옥토가 중요하다. 옥토만 만들어지면 무엇을 심어도 풍년이다.

스펙의 입장에서 책읽기는 제일 순위가 떨어지는 항목이다. 읽어도 밑 빠진 독에 물 붓기 식이라 뭔가 즉각적인 효과가 없어 보인다. 이력서에는 '책읽기' 항목도 없다. 그래서 가장 효과가 빨리 나오는 것들에 매달린다. 그러나 효과가 빨리 나오는 것들은 효능도 가장 빨리 없어진다. '토익 7주 완성'도 유효기간이 2년밖에 되지 않는다. 책읽기는 어쩌면 대학 4년 동안 계속 매달려야 단군신화처럼 '변신'이 가능할지 모르지만, 그 효능은 평생이라 할 수 있다.

사람은 현재까지 자신이 읽은 책의 총합이라 해도 과언이 아니다. 홍세화 씨는 최근 저서 《생각의 좌표》에서 한 스페인 작가의 말을 인용한다. "우리는 모두 감옥생활을 하고 있다. 우리의 눈과 귀가 보고 들을 수 있는 세계는 지극히 좁기 때문이다. 그런데 이 감옥에 하나의 창이 나 있다. 놀랍게도 이 창은 모든 세계와 만나게 해준다. 바로 책이라는 이름의 창이다."

▶역량의 기초 2. Writing

당신의
하루를
기록하라

사람은 자신이 쓴 글만큼 표현된다. 역량이 뛰어나도 그것을 글로 표현해낼 수 없으면 소용이 없다. '구체적인 행동'에는 글로 쓴 결과물도 포함된다. 주제를 정확하게 꿰뚫는 한 편의 훌륭한 글은 창의력, 기획력, 커뮤니케이션 등의 역량이 종합적으로 발휘될 때 가능하기 때문이다. 왜 보고서나 논문, 책 등의 구체적인 결과물을 가진 사람을 지식 사회에서 전문가로 여기는지 이해가 될 것이다.

사회생활을 해보면 글쓰기의 중요성은 갈수록 더해간다. 아이디어는 기획서로 구체화되기 전까지는 받아들여지지 않는다. 관리자가 될수록 관리해야 하는 이메일과 문서의 양은 늘어난다. 야

근을 하는 이유도 문서 작업이 밀려있기 때문이다. 모든 전공자에게 글쓰기는 중요하지만, 특히 문과 출신에게 중요하다. 공부를 하면 할수록 결국 말과 글이 탁월해져야 한다. 인문계 전공이면서 '말' 과 '글' 의 특기를 살리지 못하면 문과를 전공한 기회를 살리지 못한 것이다.

말하기와 글쓰기 두 가지를 다 잘하기가 어렵다면 우선 글쓰기에 관심을 가져 보라고 말하고 싶다. 아무리 조직에서 '페이퍼리스' 근무 환경이 구축된다고 하더라도 물리적인 종이가 전자문서로 바뀌었을 뿐 핵심인 '글' 은 사라지지 않는다. 또한 공식적인 발표보다는 문서 제출을 해야 할 기회가 압도적으로 많다. 유엔의 이력서에는 '출판물(publication)' 항목이 있다. 특히 한국 사람들이 취약한 부분이 이런 '글의 결과물' 이다. 자격증이나 기타 스펙은 주렁주렁 달렸어도 제대로 된 '글' 이 없는 게 현실이다. 한번은 한 국제대학원에서 모의면접위원으로 참여한 적이 있다. 학생들의 이력서를 보면서 모의면접을 진행했는데, 외국 출신 학생 한 명을 제외하고는 나머지 우리나라 학생들의 이력서에 '출판물' 항목은 전무했다. 외국의 경우 학부시절부터 엄청난 양의 에세이를 쓰게 하면서 글쓰기 훈련을 하는데, 우리나라는 개개인이 알아서 노력하지 않으면 글쓰기 능력을 개발하기 어렵다.

책읽기는 필연 글쓰기와 연결된다. 글을 쓸 때 막막한 이유는 소위 글감이 부족하기 때문이다. 글의 주제와 관련된 배경 정보와 개인적인 체험도 있어야 하지만, 그런 주제에 대해 얼마나 '생각' 을 했는지가 글쓰기의 핵심이다. 글은 테크닉이 중요한 게 아니라 메시지가 중요한데, 그 메시지가 나오는 원천이 개인의 경험이다. 개인마다 선천적인 '그릇'의 크기는 다를 수 있다. 크기에 상관없이 그릇이 흘러넘치느냐가 내공의 핵심이다. '흘러넘치는 그 부분' 만큼 사람을 감동시킬 수 있다. 넘치는 것을 기다리지 못해 인위적으로 '그릇'의 바닥을 긁어서라도 퍼내보면 귀에 거슬리는 마찰음이 들린다. 나도 상대방도 쓰고 읽기에 어색하다.

30여 권의 저서를 쓴 경영학계의 거장 피터 드러커는 "나는 대학교수 혹은 컨설턴트로 불리고, 때로는 '경영학의 아버지'라고 평가받는다. 하지만 나는 적어도 경영학자는 아니라고 생각한다. 나의 기본은 문필가이다"라고 말했다. 하지만 그도 처음부터 글쓰기가 쉽지는 않았다. 그의 자서전인 《나의 이력서》에는 그가 초등학교 시절에 들었던 선생님의 인상적 충고가 기록되어 있다. "피터, 너는 잘하는 것이 몇 가지 있지만 한 가지 살리지 못하고 있는 것이 있어. 무엇인지 알겠니? 작문이야. 잘할 수 있는데도 별로 연습하지 않았지? 지금부터 작문 연습을 목표로 삼아보자꾸나."

글쓰기를 시작하는 가장 쉬운 방법은 일기를 쓰는 것이다. '아침 6시 기상했다. 밥을 먹고 출근했다.' 이런 식의 일기는 금방 지루해서 포기할 수밖에 없다. 나는 가장 기억에 남는 스토리를 중심으로 매일매일 구애받지 않고 생각날 때마다 쓴다. 이러한 개인적인 경험을 사람들은 듣고 싶어 한다는 건 앞서 누누이 강조했다. 스토리는 우리 각자의 일상에서부터 캐낼 수 있다. 대학생 70명 정도가 듣는 강의를 할 때 '어떤 종류든 일기를 쓰는 사람?' 하고 물어보니 딱 세 명만 손을 들었다. 이들에게 박수를 쳐주었다.

어떤 종류든 글쓰기를 연습하는 사람은 박수를 받을 자격이 있다. 스펙에서는 알아주지도 않는 글쓰기에 몰두하는 그들은 스토리 시대의 진정한 플레이어다.

▶역량의 기초 3. Doing

스토리텔링에서
스토리두잉으로
진화하라

　역량은 실행되기 전에는 역량이 아니다. 진정한 역량이란 사실 '실행된 역량(competency implemented)'을 뜻한다. 미국의 거대 은행인 웰스파고의 CEO가 한번은 회사의 전략 기밀 문서를 비행기에 놓고 내렸다. 직원들이 큰일이라며 불안해하자 그는 이렇게 말했다. "괜찮아요. 어차피 그 계획을 가져가봐야 별 차이가 안 날 겁니다. 성공은 계획이 아니라 우리의 실행력에 달렸으니까요." 아무리 좋은 기획서도 실행이 뒷받침되지 않으면 그저 종이에 지나지 않는다는 것이다.

　우리는 실행에 앞서 종종 분석하는 데 너무 많은 시간을 보내곤 한다. 실행에 앞서 시나리오를 그려보기도 하고, 문제점은 무엇인지, 대응 방안은 무엇인지 꼼꼼히 확인한 다음에 실행에 나선다. 회사와 같은 경우는 실행에 앞서 그런 사전 분석 작업이 반드시 필요하다. 하지만 이런 사전 분석 작업이 개인의 역량을 개발하는 데에는 오히려 부정적인 영향을 미칠 수도 있다. 개개인이 어떤 기회를 선택할 때나 소규모 프로젝트를 진행할 때 분석을 하면 할수록 '안 되겠다' 혹은 '성공할 확률이 낮다' 라는 결론이 도출될 확률이 높다. 아무것도 확실한 정보가 없는 상태에서는 생각하면 할수록 통제할 수 없는 변수들과 위기 요소들만 부각되기 때문이다.

실행의 힘

실제로 재즈 밴드나 즉흥극 극단, 중소기업과 대기업 등에서 혁신이 어떻게 이루어지는지를 관찰하고 쓴 키스 소여의 저서 《그룹 지니어스》에서는 "계획을 세우는 단계에서는 적은 시간을 소모하고, 실전에서 많은 시간을 소모한 팀이 가장 혁신적인 결과를 이끌어냈다"고 결론짓는다. 즉 사전 계획보다 즉흥적인 대응에 초점을 맞춘 팀이 우수했던 것이다.

혁신적인 팀은 "업무를 진행하는 동안 계획과 실행을 번갈아가며 반복"했다. 반면 그렇지 못한 팀은 "실전 대응에 앞서 미래 계획을 세우는 데 시간을 많이 소모할수록 업무 진척이 더뎠다." 분석에 에너지를 쏟으면 쏟을수록 실행이라는 미지의 세계로 들어설 때 필요한 대담함과 창조성이란 에너지가 힘을 잃는다. 에너지는 제한된 자원이다. 제한된 에너지의 대부분을 사전 계획과 분석에 쏟게 되면, 실행에 나서기는 더욱 힘들어진다.

1990년대 중반 IBM이 인터넷 비즈니스에 대한 화려한 사업 계획을 발표했을 때 업계의 분석가들은 모두 '가망 없다'는 보고서를 쏟아냈다. 이들은 "인터넷은 고객층이 좁고, 주목할 만하지 않으며, 사용자 친화적인 기술이 입증되지 못했다"고 분석했다.

분석은 부정적인 면을 부각시키기 마련이다. 기술의 진보라든지 실행해 나가면서 깨닫게 될 긍정적인 요소를 '분석'하기란 사실 어렵다. 제록스가 사무기기의 대혁신이라 할 수 있는 복사기 제작 계획을 발표했을 때도 마찬가지였다. 투자자들은 '그런데 누가 복사본이 필요할까요?'라고 질문했다. 분석은 종종 실행을 방해한다.

KFC 창업 이야기

KFC 창업자인 명예대령 커넬 샌더스는 65세에 자신의 사회보장기금 105달러와 함께 중고승용차에 닭고기 요리 샘플을 싣고 다녔다. 2년 동안 1,009번의 퇴짜를 맞다가 마침내 예전 친구의 레스토랑에서 치킨 한 조각이 4센트에 팔리기 시작했다. 그는 말한다. "훌륭한 생각을 하는 사람은 많지만, 행동으로 옮기는 사람은 드물다. 나는 포기하지 않았다. 대신 무언가를 할 때마다 그 경험에서 배우고, 다음번에 더 잘할 방법을 찾아냈을 뿐이다."

스토리는 성공이든 실패든 환영한다. 회사의 입장에서야 실패가 치명적일 수 있다. 개인의 스토리에 치명적인 것은 실패가 아니라, 위험에 대한 부담으로 인해 그 어떤 것도 실행하지 않는 것이다.

  역량은 실행이 없으면 개발되지 않는다. 비록 수행하고자 하는 프로젝트의 성공 여부가 불투명해도, 그 프로젝트를 진행해보는 것 자체가 역량으로서는 충분하다. 잘되면 성공스토리이고 잘 못 돼면 실패스토리이지만, 스토리 자체는 남는다.

PART FOUR

스토리의 뼈대를 이루는 8가지 핵심 역량

역량이란 구체적인 행동을 통해 증명될 수 있다. 그리고 이러한 역량이 일정한 주제를 가지고 있을 때 스토리가 된다. 스토리는 내가 무엇을 했고 앞으로도 어떻게 살아갈 것인지 방향을 보여주며, 그 확실한 방향성 속에서 사람에 대한 강한 신뢰를 형성한다. 취업 현장에서는 나의 과거를 통해 미래를 신뢰하게 만드는 것이 관건이지 않은가. 그래서 스토리가 스펙을 이기는 것이다. 여기서는 커뮤니케이션, 팀워크, 책임성, 창의성, 기획과 조직, 고객 지향, 기술 지식, 자기 학습 등 8대 글로벌 핵심 역량을 중심으로 스토리를 구성하는 법에 대해 살펴보겠다.

▶커뮤니케이션 (Communication)

청자 중심의 의사소통을 연습하라

➡ 커뮤니케이션 역량 지표의 예시

1 명확하고 효율적으로 말하거나 쓸 수 있다.

2 상대방의 말을 경청하며, 상대방의 메시지를 정확하게
이해하고 적합하게 반응한다.

3 불분명한 부분에 대해서는 질문을 하고, 쌍방향 의사소통을 선호한다.

4 언어와 톤, 스타일과 형식을 상대방의 눈높이에 맞춘다.

5 정보 공유에 대한 의지가 있고, 진행 경과를 주기적으로 나눈다.

자신이 원하는 바를 명확히 표현할 수 있는 커뮤니케이션 역량은 다른 모든 핵심 역량을 빛나게 하는 대표적인 '맏형' 핵심 역

량과도 같다. "이전에는 혼자서 많이 알기만 해도 전문가로 인정 받았지만, 이제는 전문 지식에 설명 능력이 합쳐져야만 전문가로 인정받는 시대가 되었다"라는 안철수 KAIST 석좌교수의 지적은 충분히 새겨들을 만하다.

커뮤니케이션에서는 말과 글뿐 아니라 비언어적인 커뮤니케이션 요소도 중요하다. 의사소통 이론에 따르면 메시지 자체가 우리의 인지에 영향을 주는 것은 30퍼센트일 뿐이라고 한다. 보디랭귀지, 언어의 톤, 말과 말 사이의 침묵, 리듬, 강조, 문서의 양식, 그리고 눈빛과 시선 처리 등 나머지 70퍼센트가 의사소통에 커다란 영향을 준다는 뜻이다. 나는 누군가와 대화할 때, 앞에서 발표를 할 때 어떻게 커뮤니케이션을 하고 있는가? 장황하게 할 말만 내뱉는가? 아니면 '결론-보충설명-재요약-이해 여부 확인' 등과 같은 커뮤니케이션 원칙을 정해 말하고 있는가?

우리나라는 화자 중심의 커뮤니케이션 문화가 강하기에, 세계에서 통용되는 청자 중심의 커뮤니케이션에 대한 이해와 적응이 반드시 필요하다. 가령 우리나라에서는 커뮤니케이션에서 명확하지 않은 점이 있으면 듣는 사람이 문제라고 여기는 경향이 있다. 외국인이 영어로 물어보면 당황하는 까닭도 '내가 못 알아들음'이 커뮤니케이션의 문제라고 보기 때문이다. 반면 글로벌 시대의 기준은 청자 중심이다. 누군가 말을 했지만 듣는 사람이 그것을 명확하게 이해하지 못하면, 말한 사람에게 문제가 있다. "무슨 뜻인지 다시 말씀해주세요"라고 듣는 사람은 당당히 질문한다.

커뮤니케이션의 방법론은 사람마다 다르다. 글이 편한 사람이 있고, 말로 소통하는 것을 선호하는 사람도 있다. 또한 음악이나 영상, 기술문서 등 커뮤니케이션의 도구는 무궁무진하다. 헨리 조지의 '토지가 경제의 근본'이라는 주장은 1904년 보드게임 형태인 '집주인 게임(The Landlord's Game)'으로 만들어졌다. 우리가 익히 잘 아는 모노폴리(Monopoly) 게임의 전신이다. 게임이든, '불만합창단'(도시마다 돌아다니면서 누구나 참여할 수 있는 불만 워크숍을 조직하고, 각종 불만을 담은 노래를 만들어 도시 이곳저곳에서 노래하는 합창단)처럼 노래로 표현하든 자신이 익숙한 커뮤니케이션 도구를 활용해 여러 가치를 표현해볼 수 있다.

이 책의 주된 관심 주제인 '스토리'를 활용한 커뮤니케이션도 꼭 반복해서 습득해야 할 중요한 기술이다. 다음은 커뮤니케이션 역량 개발을 위해 취할 수 있는 행동 중 몇 가지 예시다. 자신에게 맞는 행동도 새롭게 개발해보면 좋겠다. 또한 10주간 진행한 역량 개발 워크숍에 참여한 학생이 계획했던 것을 예시로 소개한다. 역량의 지표별로 직장, 가정, 학교, 커뮤니티, 개인의 분야별 계획을 세워보면, 더욱 구체적인 행동과 습관을 만들어볼 수 있다. 다른 역량들도 이와 비슷한 형식으로 자신만의 역량 개발 계획을 세워보길 바란다.

➜ 커뮤니케이션 역량개발을 위한 행동의 예시

1 문화적, 언어적 배경이 다른 사람들과 어울릴 수 있는 기회에 참여하기
2 관심 분야에 대한 핵심용어 및 자주 쓰이는 표현을 〈핵심용어사전〉으로 정리해보기

3 후배들을 모아 강의를 하고, 피드백을 받거나 촬영한 동영상 분석해 보기

4 자신에게 익숙한 커뮤니케이션 방법으로 자신의 콘텐츠를 표현해보기

5 스토리텔링에 대한 책을 찾아 읽고, 프로젝트나 팀플에서 활용해보기

[예시] 커뮤니케이션 역량 개발 계획

	직장	가정	학교	커뮤니티	개인
명확하고 효율적으로 말하거나 쓸 수 있다	간단명료하게 의사 전달하기, 설득력 기르기	어머니께 어려운 개념 설명하기	발표 준비 시 논리적 개연성에 많이 신경 쓰기	영어 토론 스터디 그룹을 통해 영어 말하기 연습	여행기 작성하며 이야기 구성력 기르기, 영어 가르치기
상대방의 말을 경청하며, 상대방의 메시지를 정확하게 이해하고 적합하게 반응한다	상대방의 표면언어 이면의 의도가 무엇인지 파악하는 훈련	무시하기 쉬운 동생의 이야기를 먼저 귀 열고 듣기	영어 수업, 토론 수업 때 적극 참여	영어 토론 스터디에서 듣는 훈련하기	BBC 라디오, 영어 프로그램 보고 듣기
불분명한 부분에 대해서는 질문을 하고, 쌍방향 의사소통을 선호한다	의문이 생길 때 공손히 질문하고, 궁금증 풀기	말이 별로 없으신 아버지와 일주일에 2일 대화하기	질문을 할 때, 전제와 주제를 확실히 분리해서 표현하는 훈련	청어람 - 질문 명확히 하기 영토론 - 영어로 분명히 질문하기	다양한 사람들과 전화통화할 때, 소통에 신경 쓰기
언어와 톤, 스타일과 형식을 상대방의 눈높이에 맞춘다	정확하고 공손한 말투를 사용하는 훈련	흥분하지 않고 말 천천히 하기, 무조건 강요하지 않기	토론 시 차분하고 공손하게 의사 표현하고 비판하기	관심 있는 주제를 친구들에게 말할 때 차분히 하기	BBC 라디오 듣고 따라하기, 영화 보고 대본 따라하기
정보공유에 대한 의지가 있고, 진행경과를 주기적으로 나눈다	직장 후배가 생겼을 때, 나의 경험과 조언을 친절히 알려 주기	토지문제와 세제 법에 관한 의사를 아버지께 설명해보기	발표과제 수행 시 나의 관심분야 정보를 포함시켜 주제 설정	영어 토론에 토지, 이주법을 주제로 이용해보기	미디어 스트라이크 블로그 만들기, 여행기 작성

▶팀워크 (Teamwork)
조직이 탐내는
인재의 조건

➡ 팀워크 역량 지표의 예시

1 조직의 목표를 이루기 위해 동료와 협력하여 일한다.

2 동료의 아이디어를 존중하며, 동료에게서 배우고자 한다.

3 팀의 과제를 개인의 업무과제보다 우선 취급한다.

4 최종 결정에 대해서는 비록 개인의 입장과 다르더라도 동의하고 지지한다.

5 팀의 성취에 대해서는 공을 함께 나누고, 팀의 문제는
공동으로 함께 책임진다.

유엔에서 경력직원을 뽑을 때였다. 수많은 후보 중에서 2명이

최종후보로 압축되었다. 각자 공석에 적합한 전문 지식과 경험을 갖추고 있어 최종적으로 누구를 선택해야 할지 고민스러웠다. 결국 선택을 해야 할 때 근거가 되었던 것은 '팀워크' 역량이 누가 더 강한지 여부였다. 팀워크 역량은 조직과 업무의 전문화가 진행되면서 앞으로 더욱 절실히 요구되는 강력한 역량 중 하나다. 조직의 목표를 달성하기 위해서는 전문화된 업무를 맡은 조직원들의 유기적인 협동이 관건이 된다. 전문가이긴 하지만 개인플레이가 강한 사람은, 특정 주제로 독립 연구를 수행하는 연구기관은 적합하지만, 함께 팀을 이루어 일을 해야 하는 일반 조직에는 어울리지 않는다.

우리나라 사람들의 팀워크 역량은 전반적으로 높지 않은 편이라 할 수 있다. 따라서 이를 높이기 위한 개인적인 실천과 경험이 반드시 필요하다. 대한민국임시정부 국무위원이었던 박열은 1948년에 쓴 《신조선혁명론》에서 한국인의 모습이 이렇다며 '생활혁명 운동'이 전개되어야 한다고 촉구한다. "우리 동포 개개인 소질을 살펴보면 참으로 선량하다. 한 개인으로서의 소질은 극히 우수했음에도 불구하고, 두 사람이 되면 벌써 서로 다툰다. 어느 한 편이 영웅이 되거나 우두머리가 되려고 한다. 바로 거기서 분쟁이 생긴다. 그리고 세 사람이 모이면 벌써 혼란이 야기되어 목표를 잃으며 거기에는 세 사람의 바보가 있을 따름이다." 사람이 더 모이면 모일수록 집단의 수행능력이 떨어짐을 비판한 것이다.

부끄럽지만 나도 팀워크 역량을 배워 나가는 게 쉽지 않았다. 한번은 중국에 있을 때 겨울방학을 맞아 한국에서 온 학생 그룹에게 북경과 하얼빈 등을 안내한 적이 있다. 나를 포함해 3명이 스탭으로 참여했는데, 내가 나이가 많아 리더 역할을 했다. 여행 중반이 지나면서 북경의 추운 날씨와 빡빡한 일정으로 인해 스탭들은 힘들어 했다. 스탭 회의를 하는데 불만이 쏟아져 나왔다. 한 후배가 내게 말했다. "형은 도사 같아요. 다가가기엔 자신의 경계가 정해져 있고 현실로부터 멀리 떨어져 있는 것 같아요." 무슨 말이냐고 물으니 '가까이 하기에 쉽지 않고 불편하다' 는 뜻이란다. 이것은 내 팀워크 역량에 관련된 '실패' 스토리다. 나는 그때의 경험을 통해 리더란 리더로서의 자신의 역할을 100퍼센트 발휘하는 것 외에도 함께 일하는 스탭들과의 관계와 팀워크에 관심과 에너지를 쏟아야 하고 어쩌면 더 많은 관심과 에너지를 써야 한다는 것을 깨달았다. 이것이 내가 배운 교훈이고, '팀워크와 관련하여 어려움을 겪은 적이 있다면 말해보세요' 란 전형적인 팀워크 역량 관련 질문에 답할 수 있는 소중한 스토리다.

혼자서 모든 것을 잘하는 사람보다는 팀의 부족함을 보완하고 팀의 장점을 강화하는 그런 인재가 기업뿐 아니라 모든 조직에 필요하다.

➡ **팀워크 역량 개발을 위한 행동의 예시**

1 팀워크를 증진할 수 있는 아이디어를 제안하고 실행해보기

2 작든 크든 하나의 팀을 리더로 책임지며 운영해보기

3 팀워크 증진을 위한 스토리를 개발해보기

4 팀워크 증진 세미나, 관련 도서 등을 찾아 학습해보기

▶ **책임성 (Accountability)**

전 **유엔사무총장 다그 함마쇨트**에게 배우기

→ **책임성 역량 지표의 예시**

1 맡겨진 업무에 주인의식을 가지고 약속을 지킨다.
2 책임진 분야에서 정해진 시간과 예산을 활용해 우수한 결과물을 내놓는다.
3 조직의 규정과 규칙을 준수한다.
4 팀원의 활동을 지원하며, 팀원에게 위임한 업무에 관해 감독하고 최종 책임을 진다.
5 자기 자신의 실수에 대해 책임을 진다.

어떤 일이든 거창하게 시작하는데 그 이후의 관리나 책임은 나 몰라라 하는 피곤한 사람들이 있다. '용두사미' 파 사람들이다. 처음에 거창하게 시작해 주위의 시선을 끄는 데만 관심이 있을 뿐이다. 멋진 용이 뱀의 꼬리로 흐지부지하게 끝나는 것을 보며 사람들은 탄식한다. 반면 어떤 사람들은 만나면 만날수록 더 무서운 집념과 끈기로 일을 해나간다. '화룡점정' 파 사람들이다. 이들의 시작은 왜소하지만, 갈수록 주목을 받는다. 마지막으로 용의 '눈'을 그려 넣는 순간엔 사람들의 감탄이 쏟아져 나온다. 당신은 어떤 유형의 사람인가?

맡은 업무를 끝까지 깔끔하게 마무리한다는 것은 사실 대단한 역량이다. 큰 행사를 멋지게 치르고 난 뒤에 처리해야 할 마무리 작업은 귀찮은 경우가 많다. 남이 지켜보거나 드러나는 부분뿐 아니라 누가 알아주지 않는 분야나 열심히 해도 소위 '티'가 나지 않는 부분까지 최선을 다하는 것은 내 경험상으로 봐도 정말 어려운 일이다.

스웨덴 출신으로 제2대 유엔사무총장이 된 다그 함마숄트는 전설적인 지도자다. 반기문 유엔사무총장도 그를 두고 "내가 롤 모델로 생각하는 사무총장이다"라고 밝힌 바가 있다. 1954년 미국의 정찰기 조종사들이 당시 중국에 체포되어 재판에 회부되었다. 중국은 당시 유엔회원국이 아니었다. 미국은 유엔회원국을 규합해 유엔총회의 결의문을 발표하고 석방하지 않을 경우 전쟁도 불사하겠다고 압박을 가했다. 중국은 중국대로 불법적인 첩보활동은 자국 법에 따라 처리할 것이라고 맞대응했다. 전 세계가 미국과 중국의 충돌위기로 긴장할 때 다그 함마숄트는 중국을 비난한 유엔총회의 결의와는 별도로 '세계 평화를 지키는 유엔사무총장'

의 자격으로 중국을 전격 방문, 당시 중국의 주은라이 총리와 회담을 진행했다. 그리고 몇 달 후 주은라이는 다그 함마숄트에게 '당신의 50번째 생일을 축하합니다' 라는 전보를 보내며 '선물'로 미군 조종사들을 석방했다. 이것이 유엔과 국제정치계에 유명한 '북경법칙(Peking Formula)' 이다. 누구도 섣불리 책임을 지고 해결하려 나서지 않았던 일에 다그 함마숄트는 자신의 책임을 다했고, 그 후로 '다그에게 맡겨라(Leave it to Dag)' 란 유명한 표현이 회자됐다. 복잡하고 어려운 문제라도 다그 함마숄트라면 해결할 수 있을 거라는 신뢰였다.

사실 책임성 역량만큼 부익부 빈익빈 법칙이 적용되는 역량도 드물다. 한번 책임을 맡아 좋은 성과가 나오면 계속 그 사람을 중용하게 된다. '성공처럼 계속 이어지는 것도 없다' 란 말처럼 한번 신뢰를 얻은 사람, 맡은 바 임무를 잘 처리한 사람에게 기회는 쏠린다.

《피터 드러커의 미공개 마지막 강의노트》에서 저자는 "책임을 기꺼이 맡으려고 하는 사람들의 수보다 그러한 책임의 기회가 항상 더 많기 때문에 당신은 어디서나 이런 기회들을 쉽게 만날 수 있다"고 말한다. 괜히 귀찮고 손이 가는 일을 서로 맡으려 하지 않기 때문에 누구와 경쟁할 필요도 없이 이런 기회는 손쉽게 찾을 수 있다. 종교 조직, 동아리, 클럽, 사내 학습조직 등 어느 곳에서든 기회가 닿는 대로 책임을 받아들여보자. 책임성 역량을 갖추면, 좋은 기회들은 쏟아지게 되어 있다.

➜ 책임성 역량 개발을 위한 행동의 예시

1 공식적이든 비공식적인 조직이든 총무를 맡아 살림살이의 책임을 져보기

2 사람들이 기피하거나 포기한 프로젝트를 자원해서 되살리는

  스토리 만들기

3 아무리 작은 부탁이나 요청이라도 마감시간을 지켜

  요구한 수준대로 결과물을 만들기

▶ 창의성 (Creativity)
창조적으로 단절하기, 새롭게 조합하기

➜ **창의성 역량 지표의 예시**

1 적극적으로 기존의 프로그램이나 서비스의 수준을 향상시킨다.

2 문제를 해결하고 고객의 요청에 부응하기 위해
전과 다른 새로운 옵션을 제안한다.

3 새로운 아이디어를 소개하고 다른 사람들을 설득해나간다.

4 새로운 아이디어에 대한 위험을 부담하며 파격적으로 생각한다.

5 기존의 사고나 전통적인 접근에 연연하지 않는다.

새벽 5시가 조금 넘었을 때, 언제 걸려올지 몰라 옆에 두었던 휴대폰이 울렸다. "김정태 씨, 반기문 사무총장님이 오늘 오전에 동

작동 국립묘지를 방문하게 되었어요. 검은 넥타이가 급히 필요하게 됐는데 구할 방법이 없네요. 부탁할게요. 어떻게든 구해서 호텔로 빨리 오세요." 2008년 여름, 반기문 사무총장님이 한국을 공식 방문했을 때 언론담당 수행원으로 보좌를 한 적이 있다. 집이 가까운지라 밤에 잠깐 들어가서 쉬다가 오전 7시경에 호텔로 다시 출근할 예정이었는데, 출근 전에 임무가 떨어진 것이다. "지금 시간에 어디서 검은 넥타이를 구할 수 있지?" 갑작스런 고민에 이런저런 생각을 하다가 집 가까운 곳에 있는 중대용산병원으로 달려갔다. 24시간 운영되는 장례식장에서는 조문객들에게 검은 넥타이를 판다는 사실이 떠올랐던 것이다. 당일 오전에 그렇게 구한 넥타이를 매고 반기문 사무총장님은 동작동 국립묘지를 참배했다.

이런 사례를 창의성 역량을 발휘한 사례라고 볼 수 있을까? 흔히 창의성이란 뭔가 새롭고 독특한 아이디어가 떠오르는 것이라 생각하기 쉬운데, 전문가들은 창의성을 '과거의 경험과 지식, 정보를 통합, 분해, 연결, 재해석, 분리하여 새로운 관점의 해결책을 내놓는 과정'이라 본다. 따라서 '검은색 넥타이가 새벽인 지금 필요하다'는 문제를 '검은색 넥타이는 24시간 운영되는 장례식장에서 구입할 수 있다'는 정보와 연결시켜 해결한 것도 일종의 창의적인 문제해결이라고 볼 수 있다. 이런 일화와 함께 창의성을 소개하는 것은 창의성 역량을 기르기 위해서는 필수적으로 자신의 경험과 지식, 그리고 정보를 확보해 놓아야 할 필요가 있다는 점을 강조하기 위해서다.

창의성은 결국 "새로운 조합을 만드는 능력"이라는 피터 드러커의 말처럼 우리는 무에서 창조하는 것이 아니라, 기존에 우리가 가진 경험과 정보를 토대로 새로운 조합을 만들어낼 뿐이다. 이런 이유로 어떤 분야에서 혁신적이며 창조적인 방법을 강구하기 위해서는 먼저 해당 분야의 역사적인 발전 과정과 다양한 과거의 사례를 기본적으로 섭렵해야 한다. 그런 기본 지식이 갖추어지고, 개인의 독특한 경험과 정보가 결합될 때 '새로운 조합'이 나오게 되는데, 우리는 그것을 창의성이라고 한다.

이러한 '새로운 조합'은 머리를 짜낸다고 이루어지지 않는다. '과잉정보 속에서 집중력을 낭비하지 않는 방법'이라는 부제를 달고 있는 《창조적 단절》이란 책은 "일에 치여 살 때 입게 되는 가장 큰 피해는 목표량을 채우지 못하는 것이 아니다. 그것은 자신이 해낼 수 있는 가장 좋은 생각을 하지 못하고 가장 좋은 아이디어를 낳지 못하는 것이다"라고 지적한다.

사실 새로운 아이디어는 우리가 샤워를 할 때나 산책을 나갔을 때처럼 곤혹스럽게도 적을 종이와 펜이 준비되지 못한 상황에서 떠오르곤 한다. 우리의 관심을 끌려는 온갖 다양한 정보 매체의 유혹을 의도적으로 단절하며 '침묵'하는 시간을 가져야 창의성이 높아진다는 것이 '창조적 단절'이란 뜻이다. 저자는 "당신이 경험한 것들, 즉 자료들을 종합하여 새로운 형태로 만드는 것이 뛰어난 사람과 평범한 사람을 가른다"라고 이야기한다.

창의성 역량을 갖추기 위해서는 경륜도 무시할 수 없다. 경륜의 한쪽 면은 관습 또는 매너리즘이지만, 위험 부담을 두려워하지 않을 경우 또 다른 면은 창의성이다. 자신이 보유한 다양한 지식과 경험, 정보를 다양하게 조합할 때 '전혀 새로운' 아이디어를 발휘할 수 있다. 통합, 분해, 연결, 재해석, 분리 등이 창의성 역량을 불러오는 키워드다.

과연 창의적인 인재가 된다는 것은 어렵기만 한 일일까? 어렵다고만 느껴지는 순간, '검은 넥타이'를 떠올려보자. 당신에겐 창의적일 수 있는 충분한 재료가 있다.

➜ **창의성 역량 개발을 위한 행동의 예시**
1 관심 있는 분야에 대한 창의적 접근 사례 조사해보기
2 관련 분야의 역사와 관련된 사례를 수집해 하나의 보고서를 써보기
3 창의성을 방해하는 의미 없는 정보노출을 피하는
  개인의 '창조적 단절' 방법 개발하기
4 전통적인 업무방식에 의문을 품고 비판적으로 접근해보기

▶기획과 조직 (Planning and Organizing)

아이디어와 실행은 결코 분리될 수 없다

➜ **기획과 조직 역량 지표의 예시**

1 합의된 전략에 일치하는 선명한 목표를 개발한다.

2 우선순위에 따라 업무를 배정하고, 필요에 따라 순위를 조정한다.

3 업무를 완수하는 데 필요한 적절한 시간과 자원을 배분한다.

4 기획 과정에서 위험을 예측하고 비상대책을 강구한다.

5 필요에 따라 계획과 실행을 점검하고 수정한다.

6 시간을 효율적으로 사용한다.

내가 대학을 졸업하면서 챙겨 나온 유일한 자격증은 국가공인 평생교육사 2급 자격증이다. 부전공이었던 사회교육과 관련된 21

학점 상당의 수업을 듣고, 한국능률협회에서 두 달간 실습을 했다. 수업을 들으면서 여러 차례 실습 과제를 제출해야 했는데, 가상의 교육프로그램을 짜보는 것이었다. 설문지 조사와 면접 조사를 통해 관련 분야의 요구를 파악한 2박 3일의 가상 프로그램을 만들었다. 그렇게 만든 것이 2박 3일짜리 '크리스천 대학생 연합 수련회'였다. 실제로 그런 프로그램을 실행할 것은 아니었지만, 여러 자료와 정보를 섭렵해서 하나의 프로그램 계획서와 시간표, 구체적인 활동 계획을 만들었다는 것이 뿌듯했다.

그때의 훈련은 신기하게도 지금 근무하는 곳에서 활용된다. 내가 일하는 곳은 특히 국제회의, 세미나, 워크숍 등을 기획해서 진행하는 업무가 많다. 회의에서 "이 주제에 대해 정태 씨가 교육프로그램을 기획해보는 게 어때요?"라는 말을 들으면 흔쾌히 "네, 제가 해보겠습니다"라고 말할 수 있다. 그렇게 직접 기획하고 실행한 국제회의가 벌써 여섯 개나 된다. 컨벤션학과를 졸업하거나, 국제회의기획사 자격증이 있는 것은 아니지만, 실무를 담당해 역량을 실제적으로 키우다보니 자격증 없이도 그 모든 일들이 가능했다.

내가 유엔 진출에 대해서 교육을 진행했던 한 그룹은 교육 종료 후에 'CAW(Change Agent for the World)'란 이름으로 활동하고 있다. 이들은 두세 달에 한 번 '국제기구 한국인 직원 간담회'를 진행한다. 공식적인 행사에만 참석해보면 어떻게 일이 돌아가는지를 알 수 없다. 이런 행사를 진행해 봐야지 무엇이 중요하며, 어떤 과정을 거쳐서 좀 더 좋은 행사가 이루어지는지를 경험할 수 있다. 주제 선정과 강사 섭외 등의 기획 역량과 홍보, 등록, 안내문 발송, 행사장 배치, 참석자 안내, VIP 영접, 행사 기록, 사진 촬영 등의 조직 역량은 실제 연습하고 경험해보지 못한 사람에게는 엄청난 부담이 되는 업무다. CAW 회원들은 스스로 프로그램을 정기적으로 기획하고 조직해나가면서, 나중에 이들이 어디를 가도 대우를 받을 수 있는 기획과 조직 역량을 확보해나가고 있다.

비단 국제회의나 행사뿐만이 아니다. 상품의 판매를 높일 수 있는 '특판 프로그램', 고객의 인지도를 높일 수 있는 'PR 프로젝트', 내부 직원의 역량 개발을 위한 '훈련 프로그램', 새로운 주제에 대한 '연구 프로젝트' 등 자신이 담당하는 모든 업무는 기획을 통해 이루어진다. 기획 역량을 기르기 위해서는 기존의 사례들을 우선 분석하고 모방하면서, 누군가 요청하지는 않아도 스스로 프로그램과 프로젝트를 기획해보는 훈련이 반드시 필요하다. 그렇게 기획된 프로그램과 프로젝트는 구체적인 '행동'으로서 당신의 기획 역량을 증명하는 뚜렷한 지표가 된다.

기획 역량과 조직 역량을 함께 이야기하는 것은 아이디어와 실행이 분리될 수 없다는 뜻이기도 하다. 변신원 교수는 《디지털로 사고하고 양성적으로 리드하라》라는 책에서 재미있는 일화를 소개한다. 한국이 IMF 사태를 겪었을 때 외국의 유수한 경제학자는 한국처럼 우수한 인재들이 역동적으로 일하는 나라가 경제 위기를 겪은 것을 분석하면서 한국에는 경제학자가 많지 않을 것이라 진단했다. 하지만 사실을 알아본 뒤 그는 놀라게 되었는데, 경제학 전공자와 박사 소지자가 상상 이상으로 많았던 것이다. 많은

학자들이 연구논문을 쓰지 않았을 것이라 생각했지만, 논문의 양과 질도 결코 적거나 낮지 않았다. 정작 그를 놀라게 한 것은 그 많은 연구논문들이 실무에 하나도 채택되지 않았다는 사실이었다. 연구 따로 실무 따로, 실무자 따로 결정자 따로, 기획자 따로 조직자 따로 사회를 꼬집는 이야기다.

이를 방지하기 위해서는 기획에서 조직까지 전체의 사이클을 처음부터 끝까지 경험해보는 것이 중요하다. 이러한 과정을 '프로젝트 매니지먼트(project management)'라고 한다. 자신의 업과 관련된 분야에서 프로젝트 매니저가 되기 위해서는 지금부터라도 기획과 조직 역량을 키울 수 있는 여러 비공식적인 훈련을 쌓아야 한다. '업'만 확실하다면 사실 백지를 가져다주더라도 쏟아낼 콘텐츠는 많을 것이다. 그 콘텐츠를 프로그램이든 어떤 프로젝트든 기획을 하고 작게라도 조직해보라.

다시 한 번 강조하지만, 아이디어와 실행은 하나다.

➜ **기획과 조직 역량 개발을 위한 행동의 예시**

1 관심 있는 분야의 모의회의 기획해보기

2 친구들과 함께 소규모의 교육프로그램, 강연회, 세미나를 기획, 조직, 홍보, 실행해보기

3 다양한 기획안과 보고서 작성법 숙지하기

▶고객 지향 (Client Orientation)

지금
당신의 고객은
누구인가?

➜ **고객 지향 역량 지표의 예시**

1 담당 업무와 관련된 모든 사람을 고객으로 간주하고,
  고객의 관점에서 사고한다.

2 고객의 신뢰와 존중을 얻음으로써 고객과 생산적인 파트너십을
  구축하고 유지한다.

3 고객의 필요를 파악하며, 필요를 채우기 위한 적절한 해결책을 강구한다.

4 고객을 둘러싼 내외부 환경의 변화를 관찰하여 주지하고,
  예상 문제에 대비한다.

5 약속한 시간 내에 고객에게 서비스를 전달한다.

고객이란 내가 상품을 팔거나 영업을 할 때 만나는 사람만을 뜻하지 않는다. 내 직과 업에 상관없이 우리 각자는 자신이 하는 일을 통해 영향을 받는 사람들을 주변에 둘 수밖에 없다. 내가 학생이어도 고객은 존재한다. 학업을 통해 갖춰진 전문 지식과 역량으로 도움을 받을 잠재적인 대상이 자신의 고객인 셈이다. 공부할 기회가 주어졌는데도 공부를 하지 않는다면 잠재적인 고객은 사라지고 만다. 누구에게나, 인생의 어떤 국면에서건 어떤 상황에서건 고객은 있기 마련이다. 그리고 고객을 명확히 인지하고 고객 지향적인 삶의 자세를 갖는 순간, 일상이 변화하며 어떤 일을 하든 성과가 달라진다.

영리 기업에서는 고객이 명확한 편이다. 하지만 공공기관, 비영리기구, 국제기구, 연구소, 학교 같은 곳은 명확한 고객의 설정이 약해 스스로 고객 지향적인 태도를 갖추지 못하면 쉽게 도태될 수 있다. 고객에 대한 명확한 설정이 왜 필요한지에 대해 나의 멘토는 내게 이렇게 설명했다. "영리 기업처럼 고객이 아주 명확한 곳에서 근무 경험을 해보세요. 어떤 직장은 고객에 대한 명확한 정의가 어렵고, 직접적인 고객이 모호할 때가 있지요. 고객 지향적인 태도도 없이 그런 곳에서 먼저 일하게 된 사람은 결국 경쟁력을 소실하고 그저 조직 내에서 '말라죽은 나무(deadwood)'로 존재할 뿐이죠. 고객을 생각해야 일에 대한 성취도 높고 생산성도 높아져요." 비록 그 분의 조언대로 영리 기업에서 근무를 하진 못했지만, 나는 오히려 더욱 '내 고객은 누구인가?' 라는 생각으로 긴장하며 업무를 보게 된다.

'유엔의 날' 행사를 준비하면서 무척 바쁜 시간을 보낸 적이 있다. 유엔에 대한 학생들의 관심을 반영하듯 많은 참여 문의가 있었는데, 행사가 부득이하게도 금요일 오후에 치러지다 보니 학생들은 학교에 현장체험학습을 신청하고 승인을 받아야 했다. 행사를 이틀 앞둔 어느 밤, 어떻게 내 번호를 알았는지 한 고등학생이 내게 문자를 보내왔다. "이번 행사에 너무 가고 싶은데, 교감샘이 꽉 막혀서 허락을 안 해주네요. 체험하는 부분이 너무 적어서 안 된다고 해요." 사무실에서 혼자 처리해야 할 일이 너무 많았지만, 문자를 받으니 정신이 번쩍 들었다. 600명 이상의 참여가 예상되는 행사였지만, 결국 '고객'이란 이러한 한 명 한 명이 아니겠는가. '정말 아쉽네요. 저희가 해드릴 수 있는 건 없을까요? 확인서를 떼어준다든지요.' 이렇게 시작된 문자 교환은 다음날 오후까지 계속됐다. 확인서를 학교로 직접 보내주고, 다시 여러 번의 문자 교환 끝에 날라 온 메시지. "교감샘께 드디어 허락받았어요! 너무 기뻐요!" 행사 때 만나보진 못했지만, 내게는 고객의 실체를 다시 한 번 확인하고 스스로의 고객 지향 역량을 한층 더 개발할 수 있는 기회였다.

작은 변화가 큰 차이를 만든다는 내용의 도서 《끌리는 사람은 1%가 다르다》는 "자신의 고객이 누군지를 제대로 파악하고 그들에게 감사할 줄 아는 사람들은, 고객이 누군지도 모르고 고객들을 당연시 여기는 사람들과는 고객을 대하는 태도가 다르다"고 말한다. 고객을 생각하지 않으면, 일이 피곤하고 잘 되지 않을 때 내가 왜 이런 고생을 해야 하는지 쉽게 짜증을 내게 된다. 어떤 종류의 일을 하든 내 고객은 누구인지, 고객 만족을 위해 추가로 가치를 창출할 수 있는 방법은 없는지 고민하고 실천해보자.

➜ 고객 지향 역량 개발을 위한 행동의 예시

1 뚜렷한 고객이 있는 현장에서 일해보기

2 공부든 업무든 고객의 최대만족을 위한 다양한 아이디어를 구상하고 실험해보기

3 고객 감동을 실현하는 다양한 사례와 스토리를 발굴하고 나만의 원칙을 개발하기

▶기술 지식 (Technological Awareness)
문제 해결사가 되어야 한다

➜ **기술 지식 역량 지표의 예시**

1 최신 기술 지식에 무지하지 않다.

2 업무에 ICT가 어떻게 활용될 수 있고, 그 한계는 무엇인지 이해한다.

3 업무 진행을 위해 적절한 기술 지식을 적용한다.

4 언어와 톤, 스타일과 형식을 상대방의 눈높이에 맞춘다.

5 정보 공유에 대한 의지를 갖고 진행 경과를 주기적으로 나눈다.

    기술 지식 역량만큼은 우리나라 대학생들의 수준이 세계 최고 수준이라고 생각된다. 2010년 유엔전자정부 평가에서 한국이 1위를 했던 사실에서 보듯이 한국의 앞선 정보통신기술은 우리의 청년들에게 새로운 도전과 학습의 기회를 주고 있다. 국제회의를 참석하다 보면 특히 놀라운 부분은 한국 사람들의 파워포인트 활용 능력이다. 워낙 한국 사회가 비주얼하고 임팩트 있는 것을 선호하다 보니 보통 수준으로 준비해서 발표하는 파워포인트에도 외국인들은 감동하는 경우가 많다. 콘텐츠가 물론 더 중요하겠지만, 대학시절부터 집중적으로 배우는 파워포인트 활용 능력은 자산임에 틀림없다. 엑셀이나 포토샵 같은 그래픽프로그램도 다수의 학생들이 어려움 없이 사용한다. 소프트웨어에서만큼은 평균 이상의 '달인'들이 수두룩하다.

하지만 하드웨어와 같은 기초 지식은 오히려 취약한 편이다. 내게도 뼈아픈 경험이 있다. 유엔본부에서 인턴을 하면서 맡겨진 첫 임무는 '복사'였다. '불법 소형무기 금지에 관한 국제회의'가 진행되고 있는데 그곳에 참여한 각국 대표단에게 돌릴 문서를 복사하는 것이다. 양면 복사에 스테이플까지 찍어서 만들어야 하는 이 임무가 내겐 편하지 않았다. 복사라고 하면 그냥 단면 복사만 알았던 나는 복사물을 받아들 사람들이 각국 외교관들이란 생각에 식은땀을 흘렸다. 여러 번의 시행착오를 거쳐 시간이 꽤 흐른 다음에야 복사물을 카트에 싣고 회의장에 가서 돌렸다. 꼼꼼한 외교관들은 금세 내 실수를 잡아냈다. 일부에게 중간에 몇 페이지가 빠진 것과 순서가 다른 것이 배포된 것이다. 결국 사무실로 돌아와 옆에서 직원이 친절하게 알려주는 대로 다시 복사를 해야 했다.

내가 근무하는 센터에도 함께 일하는 인턴들이 있다. 내가 직원 입장에서 인턴을 보니 그때 내 모습이 직원들에겐 어떻게 보였을까 생각돼 부끄럽기만하다. '머피의 법칙'이랄까. 문제는 늘 중요한 자리에서 인터넷 연결을 할 때나 급하게 팩스를 보낼 때, 혹은 내게 주어졌던 미션처럼 다양한 옵션 복사를 해야 할 때 발생한다. 커다란 화면에 아무런 영상도 뜨지 않고 인터넷 선은 갑자기 불통이며 팩스는 보내지지 않는 것이다.

이럴 때 나서서 문제를 깨끗하게 해결하는 사람을 이쪽 업계에서는 '문제해결사(troubleshooter)'라고 부른다. 이런 포지셔닝을 하는 건 어려운 일이 아니다. 남들은 '뭐 그런 간단한 것까지'라고 무시했던 부분도 꼼꼼하게 사용법을 숙지하면 언제 '문제해결사'로 데뷔할지 모른다. 자신의 성공은 어떤 복사 요청도 완벽하게 수행하는 능력에서 비롯되었다고 말하는 이도 있다. 삐뚤어지지 않게, 원본의 배율을 정확하게 조정해 원문과 거의 비슷한 '복사본'을 만들어내는 능력이 보여준 성실함과 꼼꼼함이 다른 업무능력까지 빛나게 했다는 것이다. 팩스를 국내외 어디로든 자유롭게 보낼 수 있는가? 팩스 연속 송신기능은? 시시각각을 다투는 업무현장에서 이렇게 저렇게 복사해달라는 요청을 받았을 때 어떤 결과물을 내놓을 수 있는가? '죄송한데 그거 어떻게 해야 하나요?'라고 말하기 싫으면 지금이라도 팩스와 복사기, 프로젝션 등 기본적인 사무기기에 대한 기술지식을 습득해보자. 가장 간단한 것에서부터 다른 사람들과 차별화될 수 있다. 팩스 한 장을 보내더라도, 복사 한 장을 하더라도 뭔가 다르다는 인상을 심어줘라. '다르다'가 바로 스토리다.

너무 사소한 일이라고 생각하는가? 너무 간단한 일이라고 생각하는가? 그게 과연 다른 사람과 나를 차별화하는 단서가 된다는 것이 어처구니가 없는가? 나는 결코 그렇게 생각하지 않는다. 교실과 사무실에 놓인 수많은 오피스 기계들과 프로그램은 변화하는 업무 환경을 대변하고 있다. 이에 대한 적응은 단지 기계에 대한 적응을 의미하는 것이 아니다. 이는 환경의 변화 자체에 대한 적응이다. 또한 사소한 기술에 대한 빠른 이해와 능숙한 조작은 기술로 인한 사회의 커다란 변화에 더 민감하게 반응하고 있다는 증거이기도 하다.

➜ **기술 지식 역량 개발을 위한 행동의 예시**

1 프로젝션 연결법 마스터하기

2 인터넷 연결법 마스터하기

3 간단한 컴퓨터 수리법 배워보기

4 팩스 조작법 마스터하기

5 복사기 자유자재로 활용하기

▶ **자기 학습 (Committment to Continuous Learning)**

학습은 가능성을 홍보하는 가장 좋은 방법이다

➡ **자기 학습 역량 지표의 예시**

1 담당하거나 관심 있는 분야에 대한 최신 흐름을 숙지하고 있다.
2 개인 역량과 전문 역량을 적극적으로 개발하고 있다.
3 동료와 후배가 배우고 성장할 수 있도록 도와준다.
4 상대방에게 배우고자 하는 의지가 있고, 의지를 표현한다.
5 배우고 성장하기 위해 상대방에게 피드백을 요청한다.

　내 대학시절은 참 단순했다. 인턴십이란 말도 거의 들어보지 못한 시기고, 스펙이니 공모전이니 하는 말도 그때는 들어본 적이 거의 없다. 자격증이 있다면 토익이나 한자자격증 정도가 있었을까. 지금이라면 스펙 준비에 쏟아부었을 시간을 그땐 외부 세미나와 교육 강좌 프로그램을 부지런히 찾아다니는 데 썼다. 매주 목요일에는 학교수업이 오후 3시에 끝났는데, 당시 서울시민대학에서 오후 3시 30분에 시작하는 일러스트레이션 강의를 듣기 위해, 안암동에서 시청까지 지하철을 타는 구간을 제외하곤 계속 헐레벌떡 뛰었다. 배움에 대한 그때의 열정을 생각하면 지금도 행복하다. 찾아보면 지금도 무료든, 소정의 비용이 들든 교양이나 전문 기술을 배울 다양한 기회가 있다. 스펙을 위한 것 말고, 정말 자신이 관심 있고 배워보고 싶은 주제와 분야에 대한 자기주도 학습을 시작해보라. 영국의 정치가이며 베스트셀러의 저자이기도 한 필립 체스터필드는 아들에게 "훌륭한 사람들의 모임이 있을 때는, 어떠한 훌륭한 책을 읽고 있더라도 당장 책을 덮어버리고 모임에 나가는 것이 몇 배나 큰 공부가 된다"고 강조했다.

현재의 모습보다 미래의 모습을 더 멋지게 만드는 유일한 비결은 지금 자신이 진행하고 있는 학습에 있다. 과거의 학습을 통해 현재의 내가 탄생했듯이, 현재에 진행하는 학습이 나의 미래를 결정하게 된다. 자기 학습은 졸업 직후부터 본격적으로 시작되어야 하지만, 대다수는 그나마 해오던 타율적인 학습이 졸업과 함께 끝나는 순간 자기 학습에는 눈길도 주지 않는다. 피터 드러커는 "5년마다 새로운 지식을 연마하라"고 조언한다. 그는 또한 "목표를 달성하는 사람들이 갖고 있는 공통점 중의 하나는 지속적 학습을 삶의 한 부분으로 인식한다는 점이다"라고 덧붙인다. 미켈란젤로의 모래시계에는 '나는 아직도 배우는 중이다' 라는 문구가 적혀 있었다고 한다. 지금 멈추는 순간, 미래의 어느 순간도 멈춘다.

안 그래도 영어 때문에 스트레스를 받는 사람들에게는 미안하지만, 한국인으로 태어난 이상 영어는 인생의 어느 순간에 꼭 집중해서 불편하지 않게 만들어야 한다. 한국에서는 영어가 안 되면 잠재력과 역량에 상관없이 차별을 받기도 하고, 차별은커녕 기회조차 주어지지 않을 수도 있다. 독한 마음으로 집중해야 한다.

'영어가 편한 나'와 '영어가 불편한 나'에서 각각의 '나'는 같은 의미가 아니다. 나 역시 힘들게 영어를 익혔고 지금도 배워가고 있지만, 확실히 이전과는 다른 세계와 '나'를 느낀다. 외국어를 하면서 좋은 것 중 하나는 내가 직접 중요한 지식의 원전을 접하면서 배워나갈 수 있다는 점이다. 나는 관심 영역의 웬만한 서적은 번역서가 나오기 전에 아마존닷컴 등을 통해 구입하고 통독한다.

하루에 세 번 우리 몸에 영양을 공급하고, 한 달에 한 번 두발을 정리하고, 일 년에 한 번씩은 여름휴가를 가서 쉬듯이, 우리의 자아도 지식을 공급받고, 배운 바를 정리하며, 재충전을 할 수 있는 자기 학습의 기회를 만들어야 한다. 자기 학습 역량에 대한 나만의 스토리를 만들어라. 자기 학습 역량은 '현재 내 능력보다 5년 후의 내 능력이 더 강력하다'고 사람들에게 나를 홍보하는 예언의 역량이다.

➜ **자기 학습 역량 개발을 위한 행동의 예시**
1 석 달에 한 번씩 관심 주제를 정해 공부하고,

내용을 블로그나 카페에 올리기

2 자신이 한 일에 대해 고객이나 주변사람들의 피드백을 받아 개선해보기

3 관련 분야에 관한 전문 세미나에 1년에 2~3차례 참여하기

4 관심 분야의 학회나 협회에 등록해서 활동하기

PART FIVE

지금 당장 당신의
스토리를 시작하라

"도대체 우리가 어떤 이야기 속에 떨어진 거지?" 세계인을 사로잡은 〈반지의 제왕: 반지 원정대〉의 샘의 이야기다. 프로도가 대답한다. "나도 궁금해. 그런데 진짜 이야기들은 다 그렇잖아. 네가 좋아하는 이야기 중에서 아무거나 하나만 생각해봐. 그 이야기가 어떤 종류의 이야기인지, 결말이 행복할지 슬플지 우리는 예측할 수 있지만, 정작 이야기 속에 나오는 사람들은 결말을 모르잖아."

▶1단계
스토리의 시작,
근원적 체험

　산 속의 작은 샘물이 큰 강을 이루고 바다로 흘러가듯, 위대한 스토리도 그 시작은 미미하다. 일본 다마대학 다사카 히로시 교수는 《미래 사회를 여는 변화의 물결》에서 "무엇을 해야 할지 모르겠다면 당신의 '근원적 체험'을 돌아보라. 근원적 체험이란 당신 자신의 인생에서 가슴 깊이 남아 있는 체험이다"라고 말한다.

　근원적 체험을 통해 자신이 하고 싶은 일을 찾은 사람이 있다. 바로 2001년 노벨경제학상을 수상한 조지프 스티글리츠 교수이다. 그는 경제학에 사람의 마음을 입힌 경제학자로 손꼽힌다. 2009년 미국 〈뉴스위크〉가 선정한, 미국에서 가장 저평가된 리더 중의 한 명으로 뽑히기도 한 그가 '약자의 경제학'에 관심을 갖게 된 것은 어린 시절 겪은 근원적 체험 때문이었다.

약자의 경제학을 주창한
스티글리츠 교수의 근원적 체험

그가 태어난 곳은 미국 인디아나 주의 대표적인 공업 도시인 게리 시로, 사회적 불평등과 차별이 일상화되어 있던 곳이었다. 어린 시절 그의 집에는 당시의 중산층 가정이 흔히 그랬던 것처럼, 아프리카계 가정부가 있었다고 한다. 그는 "그녀를 보면서, 왜 미국에 초등학교만 졸업한 사람들이 있는지를 고민하게 되었다"라고 고백한다.

그는 2001년 노벨경제학상을 수상하면서 "보이지 않는 손은 없다. 완전한 시장에서는 실업도, 빈곤도 없어야 하는데, 현실은 그렇지 않으며, 시장 주도적 경제에 정부의 통찰력이 균형을 이루어야 한다"고 말했다. 그의 사소하지만 근원적인 체험이 그를 경제학의 길로 안내하고, 새로운 통찰을 유인한 것이다. 한 사람의 개인적인 체험을 통해 우리는 이 시대의 위대한 사상가 한 명을 얻게 되었다.

내게도 이런 근원적 체험이 존재한다. 중국에서 돌아와 뉴욕으로 다시 어학연수를 떠나기에 앞서 후배들 집에 머물던 때였다. 이발을 하러 미용실에 갔는데, 순서를 기다리기 지루해서 탁자 위에 있던 월간잡지를 집어 들었다.

우연하게 펼쳐든 잡지 속에 눈길을 확 끄는 기사가 있었다. 월드비전 창립자 밥 피어슨 목사의 스토리였다. 외국기관이라고 생각했던 월드비전이 한국에서 시작한 기관이란 사실도 새롭게 알게 되었지만, 한국전쟁으로 고아가 되고 남편을 잃은 부인들에 대한 아픔과 슬픔을 '자신의 슬픔과 아픔'이 되게 해달라는 그의 바람에 커다란 감동을 받았다. 어떻게 하면 나도 그의 마음을 본받을 수 있을까? 나는 그의 바람이 마치 나의 바람인 것처럼 조용히 그 기도문을 속으로 따라하고 그를 마음에 담았다.

탐험가의 눈빛으로 나를 탐색하라

애초에 그 존재를 모르는 경우, 세상에 그것이 없는 것처럼 살아갈 수 있다. 하지만 일단 알게 되면 이전과 똑같은 삶을 살기란 어렵다. '근원적 체험'이란 바로 우리가 깨닫지는 못하지만, 우리 삶에 존재하는 어떤 것이다. 그래서 조용히 자신을 들여다보는 시간이 무엇보다 중요하다. 자신의 과거와 자신의 관심 분야를 끊임없이 탐색해야 한다. 마치 탐험가가 미지의 땅을 찾았을 때처럼, 호기심 강한 눈빛으로 자신을 살펴야 한다. 근원적 체험은 아주 특별한 소수만 경험하는 것이 아니다. 누구나 자신의 일상 속에서 체험할 수 있다. 그것은 어제였을 수도 있고, 오늘일 수도 있다.

파스칼은 "모든 인간의 죄악은 인간이 잠시라도 혼자 고독을 즐기지 못하기 때문이다"라고 말했다. 어쩌면 스펙을 쌓으려 다른 사람들을 좇아 시간을 소비하는 이유는 외로움을 견디지 못하기 때문일 수도 있다. 외로워질 용기가 필요하다. 그 용기는 곧 커다란 성취로 바뀔 것이다. 온전히 자신에 몰두하는 사람의 스토리와 그렇지 못한 사람의 스토리는 자기소개서 열 줄을 채 읽기도 전에 표시가 난다.

▶ 2단계

뽀빠이 모멘트를 체험하라

뽀빠이를 기억하는가? 반팔 소매 밑으로 솟아오른 팔뚝, 입에 항상 물고 다니는 담배 파이프, 그리고 여자친구 올리브. 스토리는 매번 비슷하게 전개된다. 여자친구 올리브가 까불거나 악당이 나타나 위기에 처한다. 그때 뽀빠이는 그 유명한 대사를 외친다. "더 이상 참을 수 없어." 뽀빠이는 언제 준비했는지 항상 곁에 있는 통조림을 손에 쥔다. 시금치를 먹는다. 그리고 올리브를 구출해 낸다.

뽀빠이 스토리는 '근원적 체험'의 전형적인 형태를 취하고 있다. 어떤 문제와 마주하게 되었을 때, 사람에게는 본능적으로 그 문제를 해결하고자 하는 열망과 창의력이 솟아난다. 실제로 이런 뽀빠이 모멘트를 통해 자신의 길을 찾아간 사람이 수없이 많다.

평범한 학생들의 특별한 순간

강연을 하거나 후배들에게 조언을 할 때 뽀빠이 모멘트를 생각해보고 글로 정리해보라고 요청하면 정말 다양한 뽀빠이 모멘트를 써낸다. 한국의 경쟁력 강화를 위해 국제법 분야를 파고들겠다는 한 학부생은 초등학교 입학 전에 처음 만났던 뽀빠이 모멘트를 회상했다. "우연히 틀었던 TV에서 리포터가 LA 거리로 지구본을 가지고 나가 50명의 사람들을 대상으로 1분 안에 지구본 속에서 한국을 찾아내는 사람이 몇 명이나 되는지를 실험했다. 한국이 중국의 어느 부분에 있는지를 묻는 사람도 있었고, 중동에서 한국을 찾는 사람도 있었다. 나는 한국을 아는 사람이 이렇게 없다는 사실에 울컥했다."

또 한 여대생은 중학교 첫 적성검사 때 추천 직업으로 '마약 연구'가 나왔다고 한다. "그러다가 고등학교 3학년이 되어 친구들과 함께 〈살인의 추억〉을 봤는데, 프로파일러라는 일을 하고 싶다는 생각을 갖게 됐다. 영화를 보고 나왔을 때 느꼈던 그 알 수 없는 묵직함과 안타까움이란! 사건 당시 조금만 더 체계화된 수사기술과 전문지식만 있었더라면 범인을 잡을 수 있었을 텐데!"

마지막으로 한 친구만 더 소개하도록 하겠다. 그는 소설가 신경숙의 《외딴방》을 읽었던 순간이 뽀빠이 모멘트라고 했다. 그 친구는 이렇게 이야기했다. "책장을 덮으며 불현듯 '내가 애써 외면하고 있는 사회'가 있다는 생각이 들었고, 앞으로는 세상을 외면한 채 세상을 살고 싶지 않았다. 변해야겠다고 생각했고, 이 이야기 속의 사람들이 행복한 삶을 살 수 있는 세상을 만들어보고 싶었다."

《외딴방》은 베스트셀러 소설이다. 당시 지구본에서 한국을 찾지 못하는 미국인을 물끄러미 바라봤던 시청자들도 많았을 것이다. 그리고 〈살인의 추억〉을 본 관객은 무려 500만 명이 넘는다. 많은 사람들이 같은 경험을 했지만 누구나 뽀빠이 모멘트를 경험하지는 않았다. 하지만 어떤 이는 소설책을 읽고 인권 관련 분야의 일을 꿈꾸게 되었고, 어떤 이는 한국을 알리는 일을 찾았으며, 또 어떤 친구는 오싹한 영화라며 몸서리를 치면서도, 그 안에서 '내가 할 일'을 발견했다.

헨리 조지의 클라이맥스는 어떻게 시작되었을까?

19세기 중반, 집안이 어려워 14살에 공식 교육을 마쳐야 했던 헨리 조지는 멈출 수 없는 지적 욕구를 충족시키고자 도서관의 서가를 누비고, 이곳저곳의 강좌를 찾아다니며 또래 친구들과 토론을 즐겼다. 인쇄공으로 일하던 당시 그는 링컨 대통령 암살 소식에 격분해 신문에 추도문을 보냈고, 그것이 인연이 되어 논설위원으로 발탁됐다. 뉴욕특파원으로 발령받은 그는 그곳에서 극도의 사치와 비참한 빈곤의 공존에 충격을 받게 된다.

"어느 날 대낮이었는데, 시내 거리에서 그것들이 하나의 생각,

하나의 이상, 하나의 소명으로 내게 다가왔다. 그것을 무엇이라 하든지 내 온 신경이 떨려왔다. 그리고 그때 그곳에서 나는 맹세를 했다." 그리고 그는 이렇게 심정을 고백했다. "내가 마지막 장을 끝낸 그날 밤에 나는 혼자 있었다. 나는 무릎에 몸을 파묻고 어린 아이처럼 흐느꼈다. 내게 주어진 재능이 이것이구나, 하고 느꼈다. 내 발 아래에 세상 모두가 놓여 있는 것보다 더 완전한 만족감에 깊은 행복을 느꼈다." 이 책이 바로 20세기에 들어서기까지 영어로 쓰인 논픽션 분야에서 성경 다음으로 많이 팔린 《진보와 빈곤》이고, 그의 이름은 여러분도 아시다시피, 헨리 조지다.

보고, 경험하고, 느끼는 것을 함부로 하지 말라. 뽀빠이 모멘트가 당신에게도 찾아올 수 있다. 주인공이 현실과 갈등을 경험하는 바로 그 지점에서 스토리의 클라이맥스가 시작된다.

▶3단계
거룩한 불만족을 찾아라

근원적 체험을 통해 뽀빠이 모멘트를 경험한 사람들은 이제 한 걸음 더 나아가기 시작한다. 자신이 뭔가 행동을 해야겠다고 다짐하게 된다. 이를 '거룩한 불만족'이라고 한다. 어떤 사람에게는 전혀 불편한 이슈가 아니지만 나에게만 유독 '시비'를 거는 이슈가 있다. 왜 꼭 이래야 하지? 우리 집은 왜 이렇게 재정적으로 힘들지? 왜 아이들은 학교에서 폭력에 노출되어야만 하지? 왜 제품을 생산할 때 기존의 방법만을 고집해야 하지?' '거룩한 불만족'을 느끼는 사람들의 분노와 열정은 아지랑이처럼 금방 사라지지 않는다. 이들은 분노와 열정을 쓸모 있는 일로 바꾸는 방법을 찾아낸다.

분노와 열정을 쓸모 있는 일로 바꾸는 방법

사무기기 전문기업인 퍼시스의 손동창 회장. 그는 중학생 시절 방문했던 국립의료원에서 북유럽 3국의 원조로 제공된 세련된 디자인의 의자를 발견한다. '심플하면서도 세련된 의자'에 대한 충격은 그의 학창시절을 따라다녔고, 그는 결국 대학에서 공예를 전공했다. 그가 본격적으로 사무기기에 뛰어든 것은 지금은 사라져 찾아볼 수 없지만 과거 '공무원의 표상'이었던 사각형 모양에 서랍 세 개가 달린 철제 책상 때문이었다. '왜 딱딱한 소재의 책상에 앉아야만 할까? 저런 책상에 앉았다가는 몸도 마음도 딱딱해질 텐데……' 라는 불만에 그는 과감히 사무기기의 직선을 곡선으로 바꾸고, 철제가 아닌 나무 책상을 보급하기 시작했다. 물론 기존 업계가 수수방관하진 않았다. '절대 퍼시스 제품을 구입하지 말라'며 담합하여 기업의 구매담당자들에게 집단 로비까지 벌였을 정도다.

누가 이겼는지는 지금의 공무원 책상을 보면 금방 알 수 있다. '왜 책상이 이렇게 단순하고 불편해야 하지?' 라는 것도 누군가에게는 사명이 된다. 어떤 사람은 불편해도 참자고 하지만, 누군가는 불편하니까 내가 할 수 있는 것을 찾아본다.

이것이 바로 기업에서 요구하는 창의력이다. 창의력이란 순간의 재치나 머릿속의 사변이 아니라, 문제를 해결하는 아주 현실적인 힘이자 행동이다. 그래서 창의의 다른 이름은 모순이다. 내 안에서 설명되지 않는 것들, 모순이라고 느껴지는 것들에 대해 차분하게 생각해보면, 그 과정에서 창의적인 해결책이 도출된다. 자기소개서에 '창의력이 좋다' 혹은 '창의적인 것들에 관심이 많다' 는 한 줄 대신, '거룩한 불만족' 에 관한 생생한 스토리를 적어 보자.

불만합창단의 희망 이야기

거룩한 불만족이라고 뭔가 거창한 것을 생각하거나 찾을 필요는 없다. 지난 2008년 희망제작소는 '불만합창페스티벌' 을 개최했다. 처음 듣는 사람들은 '불만을 합창해?' 라고 꺄우뚱거릴 만하다. '불만합창단' 이란 핀란드와 독일 출신의 예술가들인 텔레르보 칼라이넨과 올리버 코파 칼라이넨 부부가 시작한 일종의 시민 참여 캠페인이다. 지독히 추웠던 어느 날, 산책을 하면서 이들은 '날씨가 엉망이네!' 란 말을 내뱉었는데, 여기서 불만합창단의 아이디어를 얻었다고 한다. 사람들이 저마다 불평을 늘어놓는 상황을 묘사한 핀란드어 '발리투스쿠로(valituskuoro)' 를 문자 그대로 해석하면 '불만합창' 이었던 것이다. 그렇게 시작된 불만합창단이 전 세계를 돌아 한국에도 상륙하였다.

《불만합창단》이란 책은 '불만합창페스티벌' 을 위해 시민들이 각자의 삶에서 작지만 사소한 불만을 생각해보고 그것을 노래로 발산하는 과정을 흥미 있게 묘사한다. 초기에 사람들의 불만은 "왜 불만을 노래해야 하죠? 오히려 희망을 노래해야 하는 거 아닌가요?"였다고 한다. 하지만 사람들은 차츰 자신의 불만을 생각해보고, 노래로 만들어가면서 생각을 바꾸게 됐다. '불만을 노래하는 것은 결국 희망을 노래하는 일'이며 '불만에서 긍정의 에너지를 만드는 일은 뜻밖에 간단하다는 것'을 깨달은 것이다.

먼저 내 삶에서 불만을 찾아보자. 지극히 개인적이어도 상관없다. 원래 불만은 지극히 개인적인 차원의 일이다. 만인이 경험한 것이라도 거룩한 불만족은 개인적인 것이다. 거룩한 불만족을 추구하는 것은, 거룩한 희망을 추구하는 것이다.

▶4단계
에피소드를 수집하라

　자 이제, 본격적으로 스토리를 작성해 보자. 구체적인 재료를 가지고 말이다. 우리 각자의 스토리는 어떻게 준비할 수 있을까? 영화 〈반지의 제왕: 반지원정대〉에 나오는 프로도의 이야기에 귀를 기울여보자. 여기에 스토리에 관한 흥미로운 비밀이 숨어 있다. 샘이 묻는다. "도대체 우리가 어떤 이야기 속에 떨어진 거지?" 이에 프로도가 대답한다. "나도 궁금해. 하지만 나도 몰라. 진짜 이야기들은 다 그렇잖아. 네가 좋아하는 이야기 중에서 아무거나 하나만 생각해봐. 그 이야기가 어떤 종류의 이야기인지, 결말이 행복할지 슬플지 우리는 예측할 수 있지만, 정작 이야기 속에 나오는 사람들은 그걸 모르잖아."

에피소드에서 시작해보자

간디 자서전의 제목은 '나의 진리실험 이야기'다. 그는 자기 인생의 주제를 '진리 실험'이라 정했고, 스스로를 경건한 실험의 대상으로 삼아 스토리를 써내려갔다. 사실 자신의 인생을 관통하는 하나의 스토리를 찾는 과정은 쉽지 않다. 스토리의 구조상 '거룩한 불만족'이 무엇인지 드러나야 한다. 그때가 언제인지, 인생의 전반, 중반, 후반 중 어느 때인지는 예측할 수 없다.

하지만 스토리가 폭발적으로 확산되기 전, '거룩한 불만족'을 느끼기 전의 스토리도 그 자체로 소중하다. 영화 〈스타워즈〉나 〈배트맨〉을 생각해보라. 이 영화는 기존에 진행되던 시리즈가 완결되자 '에피소드'라는 이름으로 '스토리 이전의 스토리'를 차례차례 파헤친다. 하나의 거대한 스토리가 시작되기 전에 당신에게도 '에피소드'란 스토리가 있을 것이다. 스토리 이전의 스토리. 당신의 에피소드를 지금부터 준비해보자.

내가 경험한 것들, 그리고 사람들이 들려준 이야기들을 적어본다. 또한 관심 있는 분야, 그 분야와 관련해 행동에 옮긴 것들은 일련의 점으로 표시해본다. 그리고 애플의 CEO 스티브 잡스처럼, 그 점들을 이리저리 이어본다. 불투명한 미래를 알기 위해서는 먼저 과거를 돌아보면서 내가 지나왔던 점들을 이어보는 게 중요하다.

사진첩 또는 일기를 꺼내 봐도 좋다. 가슴이 뛰던 경험 또는 가슴이 무너지던 경험을 찾아본다. 그 정지된 장면을, 애니메이션이

나 드라마의 한 장면으로 생각하고, 그 전후를 대화하듯 작성해보자. 그때의 감정, 생각, 느낌, 사진에 보이는 사물과 장소, 사람의 고유한 느낌과 관점까지도 포함시켜본다. 이미지가 더 편하다면, 글보다는 영상으로 담아보라. 리듬과 멜로디가 익숙하다면 음악으로 표현해보라. 누구에게든 도구는 하나씩 있다. 글이든 사진이든, 음악이든, 그림이든 상관없다. 다만 열과 성을 다해 자신을 불러내고, 정직하게 자신과 마주해야 한다.

솔직하게 그리고 반복적으로

이제는 누군가에게 들려주기 전에 먼저 스스로에게 이야기를 해보자. 내게 즐거운 이야기가 다른 이들에게도 즐거울 수 있는 법이다. 그렇다면 어떤 것이 나의 진짜 스토리인 줄 어떻게 알 수 있을까? 답은 의외로 간단하다. 나 스스로 편안하고 나 스스로 납득되는 스토리가 바로 나의 진짜 스토리다. 꾸며내고, 인위적으로 수정한 스토리는 한두 번은 말할 수 있어도 신기하게도 그런 가짜 스토리들은 슬그머니 잊혀져버리고 말 것이다. 반복되고 살아남은 이야기를 스스로 느껴보라.

《이야기꾼》이란 책은 스토리를 자신에게 반복적으로 이야기할수록 그 스토리의 우선순위와 가치가 증대된다고 말한다. 왕래하는 사람들이 늘어나면 오솔길이 조금씩 조금씩 넓어지는 것과 마찬가지다. 스토리도 계속 반복되면 뇌의 신경경로가 활발해진다. 자신의 머릿속에 스토리가 깊이 뿌리를 내리는 것이다.

아는 것이 아니라, 느낀 것, 체험한 것, 경험한 것이 중요하다

스토리는 '내가 아는 것'을 쓰는 것이 아니다. 전공한 분야가 있어야 하고, 학위가 있어야 쓸 수 있다면 그것은 스토리가 아니라 논문이다. 스토리는 내가 진심으로 느끼고 행동한 것이다. 내가 몸으로 경험하지 않았다면 스토리의 재료가 될 수 없다.

우리에겐 원하든 원하지 않든 무궁무진한 경험의 시간이 주어진다. 스토리를 만들라는 것은 다시 말해 풍부한 경험을 해보라는 것이다. 그렇다고 무조건, 무작위, 무방향의 경험을 말하는 것은 아니다. 자신이 진정 업으로 삼고자 하는 영역의 핵심 역량을 파악해, 그 역량에 관한 자신만의 경험을 확보해가란 뜻이다.

너무 걱정할 필요는 없다. 스토리는 특별한 여행을 통해서만, 참석자가 제한된 특별 프로그램을 통해서만 만들어지지 않는다. 진정 자신의 업에 주목하는 사람들은 평범한 오늘, 우리 각자가 살아가는 하루하루의 일상에서 스토리의 재료들과 조우하게 된다.

▶ 5단계

비상한 머리보다는 더러운 손

그 다음 과정은 무엇일까? 그것이 진짜 나의 스토리인지 확인해보는 일이다. 어떻게? 관련된 사람들이 모임에 참가한다든지, 소규모 프로젝트를 실행해본다든지, 관련된 연구 자료를 읽어본다든지 하면서 실제 그 분야에 뛰어들어보면 그 과정에서 이 길이 계속 가야 할 길인지 알 수 있다.

이 과정은 매우 중요하다. 뽀빠이 모멘트를 경험하고, '더 이상 참을 수 없다!'고 느낀다. 그래서 '거룩한 불만족'을 가지고 어떤 분야에 뛰어들었는데, 막상 경험해보니 내가 생각했던 것과는 많이 다르다. 열정이 더 이상 나오지 않고, 사람들도 큰 반응이 없다. 이것은 진정한 '거룩한 불만족'이 아니든지, 아직 시간이 좀 더 무르익어야 하든지 둘 중 하나다.

과감하게 자신을 노출해야 한다. 이는 단지 경험만을 위해서가 아니다. 자신의 관심을 적극적으로 노출하는 순간, 자신이 관심 있어 했던 세상의 한쪽이 내게로 다가온다. 정확하게 표현하면, 자신이 끌어당겼다는 표현이 옳을 것이다. 그 안에서 부딪히고, 몸으로 생각해야 한다. 인생의 중심을 결정하는데 머릿속으로만 생각할 수는 없지 않은가.

세계적 경영 컨설턴트 찰스 핸디는《코끼리와 벼룩》에서 이렇게 말한다. "실험을 해보라. 마음에 드는 것은 뭐든지 해보라. 하지만 그것이 하나의 열정으로 성숙하게 될 때까지는 그것을 당신 인생의 중심으로 여기지 말라. 그것은 오래가지 못할 테니까."

이뿐만이 아니다. 자기 노출을 시작하면, 자기와 같은 분야에 관심이 있는 사람들과 정보를 교류하게 되고, 서로가 서로의 성취를 돕는 뜻밖의 기회가 찾아오기도 한다. 다시 한 번 강조하지만, 스펙은 사람을 밀어내지만 스토리는 사람을 끌어당긴다.

9월에 태어난 사람들 프로젝트

물 문제는 전 세계에서 가장 심각한 이슈 중 하나다. 인간은 식량이 없어도 일주일 이상 버틸 수 있지만, 물이 없으면 하루 이틀을 넘기기가 어렵다. 아프리카를 비롯한 개발도상국의 많은 질병은 가축들의 배설물로 오염된 비위생적인 물 때문에 발생한다. 이 심각한 국제 문제에 뉴욕의 이벤트 기획자인 해리슨이란 사람이 뛰어들었다.

　화려한 이벤트 기획자의 삶을 살던 그는 어느 순간, 아프리카 자원봉사에 나섰다. 2년 동안 사진기자로 봉사에 참여하면서 그는 깨끗한 물이 없어 죽어가는 사람들을 수없이 목격했다. 케냐의 한 병원에서 수도꼭지를 틀었을때, 그는 깜짝 놀랐다. 3만 명 이상이 이용하는 병원의 수도꼭지에서 흙탕물이 나왔던 것이다. '이건 말도 안 돼!' 오염된 물 때문에 병에 걸린 환자들은 병원에 와서도 깨끗한 물이 없어 병세가 더 악화되어가갔다. '그냥 보고만 있을 수는 없잖아!' 흙탕물이 해리슨의 뽀빠이 모멘트였던 것이다.

　2006년 31번째 생일을 맞이한 그는 이벤트 기획자 출신답게 하나의 이벤트를 기획했다. "평생 기부 따윈 안 하겠다는 사람들도 친구의 생일에 선물은 하잖아요." 그는 자신의 생일에 친구들에게 선물 대신 20달러를 현금으로 내달라고 부탁했다. 케냐의 병원에 깨끗한 물을 공급하는 데 쓰겠다는 약속과 함께. 친구들은 물론 주위에서 스토리를 전해들은 다른 사람들도 참여해 총 2만 달러 정도가 모금됐다. 2007년 32번째 생일이 찾아왔다. 이번에는 1년을 1달러로 계산해서 생일선물로 자신에게 32달러를 기부해달라고 부탁했다. 블로그에도 글을 올려 자신과 생일이 같은 9월생들에게 함께 모금을 해보자고 했다. 그렇게 시작된 '9월에 태어난 사람들(Born in September)' 프로젝트는 7주 동안 무려 1억 8천만 원을 모아 케냐 병원 세 곳과 학교 한 곳에 우물을 파고, 깨끗한 수도관을 연결해주었다.

　2008년 33번째 생일. 계속된 자기 노출을 통해 그는 좀 더 큰 꿈을 가지게 됐다. 이번에는 에티오피아의 300개 마을에 우물을 파기로 했다. 이번에는 11억 원이 모였다. 그리고 그는 아예 물 나눔을 실천하는 비영리기구를 설립했고 현재까지 6만 명 이상의 기부자를 통해 120억 원을 모금했다. 그리고 16개국 80여 만 명이 혜택을 볼 수 있는 1500개소 이상의 우물과 수도관이 설치됐다.

그의 접근 방법은 거창한 메시지가 아니었다. "적어도 물만큼은 누구나 깨끗한 걸 마셔야 하지 않아요? 제 생일을 축하해주세요. 선물이 아니라 제 나이만큼, 1년을 1달러로 생각해서 기부를 해주세요. 여러분이 주신 생일 선물을 제가 아프리카에 나누겠습니다." 그는 스토리를 전달했고, 그 스토리는 생일 이벤트를 해나가면서 더욱 확고해져갔다. 그는 과감하게 자기를 노출했고, 아프리카의 물 문제를 해결하는 데 재능을 쓰는 것이 자신의 '업'임을 깨달았다.

로드아일랜드 디자인스쿨의 존 마에다 총장은 '더러운 손(dirty hands)' 이론을 설파한다. 늘 손을 더럽게 해 다양한 경험을 할 때, 창의성이든 뭐든 결과가 나온다는 것이다. 스토리도 마찬가지다. 거룩한 불만족을 느꼈다고 하면 그 불씨를 키울 수 있는 다양한 경험을 해봐야 한다. 스토리에는 고상한 머리보다 '더러운 손'이 필요하다.

▶6단계
가장 작은 곳에 포커스를 맞춰라

　내가 군 생활을 하던 강원도에서는 종종 군인들이 '대민 지원'이란 이름으로 봉사 활동을 나가곤 했는데, 한번은 감자밭에 나가 일을 하게 되었다. 그런데 밭에 가보니 우리에게 일을 시킬 밭주인이 아직 도착하지 않은 상태였다. 싸리나무나 잡목들이 무성해 밭이라기보다는 그냥 버려진 땅 같았다. '여기에 감자가 있다고?' 머리를 긁적이며 이리저리 돌아다니고 있을 때, 멀리서 다가오던 밭주인이 소리쳤다. "이봐 젊은이! 감자 상하지 않게 조심조심 다녀. 발밑에 감자가 있어!"

　식탁 위에 조리된 감자를 먹기만 했지, 실제 감자밭이나 감자를 어떻게 캐는지 본 적이 없던 내게는 황당한 경험이 아닐 수 없었다. 우리는 두렁과 고랑의 잡목을 정리했다. 그랬더니 흙 밑에 파묻힌 검은색 비닐이 모습을 드러냈다. 밭주인이 모는 트랙터가 한 두렁씩 지나간 자리마다 강원도 감자가 흙빛 건강한 얼굴을 내보였다. 겉으로는 싸리나무나 잡목들이 무성해 어떤 열매가 맺힐 수 있을지 의심스러웠던 땅, 바로 그 밑에 한 해 동안 농부가 흘린 땀과 하늘의 빛, 땅의 기운이 빚어낸 감자가 숨어 있었던 것이다.

모두가 이야기 덩어리다

1939년에 영화로 만들어져 더욱 유명해진 〈오즈의 마법사〉는 주인공 도로시를 중심으로 펼쳐지는 모험 스토리다. 도로시는 잠을 자다가 회오리바람에 휩쓸려 오즈의 나라에 가게 된다. 여행길에 길동무도 만난다. 머리가 빈 허수아비, 심장이 없는 깡통맨, 그리고 용기 없는 사자가 그들이었다. 이들은 온갖 어려움을 이겨내고 에머랄드 시의 마법사를 만나 각자가 원하던 꿈을 이루게 된다. 마지막 장면에서 도로시는 마법사가 알려준 대로 루비 구두 뒷굽으로 여러 번 바닥을 내리친다. 그리고 오즈의 나라에서 빠져나오는 주문을 외운다. "집이 최고다(There's No Place Like Home)." 깊은 잠에서 깨어난 도로시는 나의 집이 환상적인 '오즈의 나라'보다 더 아늑하고, 행복하고, 단란했음을 깨닫는다.

스토리가 태어나는 곳은 특별한 장소가 아니라, 우리의 일상이다. 《엄마를 부탁해》, 《외딴방》 등의 베스트셀러 소설을 쓴 신경숙 씨의 독특한 습관 중 하나는 '스토리를 찾아' 제주도에 내려가는 것이다. 물론 작가는 "꼭 제주여야만 하는 이유는 없다"라고 해명한다. 그곳에서 작가는 단순한 생활을 경험한다. 전화도 없는 곳에서 배가 고프면 음식을 먹고, 낮잠도 즐기고, 따분하면 햇살을 따라 산책을 나가기도 한다. 그리고 그 단순한 패턴과 만남에서 작가는 스토리를 포착해낸다. "일상이 단순해지면 오히려 모든 순간들이 이야기가 된다. 누구나의 일상은 이야기를 가득 품고 있다. 모두가 이야기 덩어리다"라고 그녀는 말한다.

일상 속의 위대함

이렇듯 특별한 스토리가 발견되는 평범한 일상을 리더십 권위자 스티븐 코비는 "일상 속의 위대함(Everyday Greatness)"이라고 말한다. 일상에서 발견하지 못하는 위대함을 일탈을 통해 경험할 수는 없다. 내가 익숙한 일상 속에서 스토리를 포착해내지 못한다면, 특별한 것, 특이한 것, 새롭고 자극적인 것을 경험해도 원하는 만큼의 스토리를 발견하지 못한다.

스토리는 일상에서 시작된다. 다른 사람의 발밑이 아닌 내 발밑의 현장에서 캐내야 한다. 어떤 사람의 격려 한마디, 어릴 적 우연하게 목격한 광경, 누군가의 추천을 받아 읽은 책, 지하철에서 건너들은 어떤 사람들의 대화 등이 모두 '일상 속의 위대함'을 발견하는 현장이 될 수 있다.

일상 속의 위대한 조각조각이 모여 스토리라는 퍼즐이 완성된다. 각자가 경험하는 모든 학과 수업, 독서, 토론, TV와 신문 등은 하나도 버릴 것 없는 퍼즐 조각이다. '세렌디피티(serendipity)'란 말이 있다. '기대치 않았던 무언가의 소중한 가치' 또는 'A를 찾다가 우연히 발견한 B가 더 소중하고 중요한 상황'을 뜻하는 말이다. 일상은 세렌디피티의 천국이다. 꼭 버려진 것처럼 보이는 땅에서 굵직한 감자를 캐내고, 따분했던 집이 천국임을 깨닫고, 오디션을 보러가는 친구를 우연하게 따라나섰다가 자신이 연예인이 되는 것처럼 말이다.

▶7단계
지구적으로
생각하고,
개인적으로
행동하라

특히 요즘 세대의 시선은 한국을 넘어 전 세계로 향하고 있다. 이들을 부르는 별칭이 글로벌 세대, 바로 G세대다. 이들은 다양한 소스를 통해 관심 분야의 이슈를 접하게 된다. 그들을 만나보면 대번에 알 수 있다. 그들은 나의 몇 년 전보다, 그리고 내 선배들의 몇 십 년 전보다 확실히 '국제적으로 생각(Think Global)' 한다. 나는 그들에게 부탁한다. 실천을 할 땐 아주 '개인적으로 행동(Act Personal)' 하라고.

스토리는 거대 담론이 아니라 개인의 실천적인 행동에서 비롯된다. 그리고 오직 그러한 스토리만이 끝까지 살아남는다. 자신이 관심 있는 여러 이슈를 담론과 지식 측면에서 익히지 말고, 기쁨과 슬픔으로 느껴야 한다. 감정이 있는 개인의 입장에서 체험하라는 것이다. 머릿속으로만 하는 생각보다 몸과 마음으로 하는 생각이 행동으로 옮아갈 확률이 훨씬 높다. 뽀빠이가 올리브를 좋아하지 않았다면, 그의 스토리는 어떻게 전개되었겠는가?

왜 데이비드는 화요일을 싫어했을까?

《내 인생에서 놓쳐선 안 될 1% 행운》이라는 책은, 감정을 통해 자신이 세상에서 해야 할 일이 무엇인지를 깨달은 보통 사람들을 소개한다. 아밀리아 안토네티에게 데이비드라는 아들이 태어났다. 어릴 적 꿈꾸던 단란한 가정이 실현되는 것만 같았다. 하지만 곧 갓 태어난 데이비드의 비명에 가까운 울음소리가 집 안에 메아리치기 시작했다. 그것은 고통이었다. 그녀는 병원이란 병원, 전문가란 전문가를 다 찾아갔지만 이유를 알 수 없었다. 결국 아이 때문에 이혼까지 하게 되었다. 그녀는 매일 일과를 기록하기 시작했다. 기록은 쌓여갔고, 어느 날 그녀는 매주 화요일에 데이비드의 증상이 특히 심해진다는 사실을 발견하게 되었다.

매주 화요일 그녀가 하는 것은 대청소였다. 화들짝 놀란 그녀는 집에 독성 물질이 있을지 모른다는 생각에 각종 화학세제며 아이에게 조금이라도 유해하다고 판단되는 물건들을 모조리 내다버렸다. 신기하게도 그날 데이비드는 큰 문제가 없었다.

아들을 위해 그녀는 직접 독성이 없고 저자극성인 비누를 만들기 시작했다. 자신이 직접 만든 비누를 주변사람들과 나누었고,

금방 큰 인기를 얻었다. 지금 아밀리아는 소프웍스(SoapWorks)라는 번듯한 회사의 대표이자 베스트셀러 《왜 데이비드는 화요일을 싫어했을까?》의 작가로서 다른 사람의 삶에 영감을 전하고 변화를 이끌어내는 열정적인 삶을 살아가고 있다.

세계 최고의 로열젤리 회사를 만든 아주 개인적인 스토리

소개할 또 한 명의 중년 여성이 있다. 그녀는 짐을 옮기다 허리를 다쳐 맨해튼에 있던 직장을 그만두어야 했다. 수술을 했지만 큰 변화가 없었고, 정부 보조금도 끊겨 우울한 시절을 보내야 했다. 차츰 허리는 회복되었지만 그녀는 유난히 피곤한 몸 때문에 걱정이 많았다. 그러던 어느 날, 친구에게서 '로열젤리'라는 건강보조식품을 소개받았다. 훗날 그녀는 "맛을 본 순간, 한순간에 아주 짜릿한 느낌이 치솟아 올랐다"라고 회상했다. 너무나 기특한 이 제품의 효능을 사람들에게 널리 알리고 싶은 마음이 생겨났다. "이 제품을 소개하는 것만으로도 사람들을 도울 수 있다고 생각하니 용기가 솟구쳤다"라고 한다. 그녀에게는 대학 졸업장도, 비즈니스 경험도 없었다. 그녀는 약간의 돈으로 회사를 세웠다. 1984년 창립된 이 회사가 현재 세계 최고의 로열젤리 회사 비어라이브(Bee-Alive)이다.

여기 소개된 이들의 '1퍼센트 행운'은 아주 사소한 문제에서 출발했다. 어쩌면 이토록 지극히 개인적인 문제였기에 이들의 이후의 행동과 실천이 강력했을지도 모른다. 그리고 자신과 비슷한 문제를 겪는 다른 사람들을 위해 내가 할 수 있는 일을 시작해나갔다. 이혼한 가정주부라도, 대학을 졸업하지 못했어도, 비즈니스 경험이 전무하다 하더라도, 은행에서 전망이 없다며 자금 지원을 거절하더라도 그들은 앞으로 나아갔다.

자신의 문제였기 때문에 그들은 포기하지 않았다. 그들을 움직이게 한 계기가 몸으로 체험하고 가슴으로 느낀 것이 아니었더라면, 많은 사례가 증명하고 있듯이, 이들은 사업을 할 수 없는 수많은 현실적인 조건들을 내세우며 앞으로 나가지 못했을 것이다.

시간 은행 계좌 대신 생각 은행 계좌를 마련하라

한편 시간 관리보다 중요한 것이 에너지 관리다. 시간은 누구나 하루 24시간 공평하지만 에너지는 공평하지 않다. 사실 가장 중요한 자원은 에너지다. 날씨가 화창한 정오에도 컨디션이 안 좋으면 아무것도 할 수 없는 게 우리다. 피터 드러커도 "시간을 토막토막 나누고 이어서 스케줄을 짰지만 얻어지는 성과는 아무것도 없었다"라고 고백했다. 정신과 육체가 최상의 컨디션인 시간은 많아야 하루에 한두 시간이다. 그때 가장 중요한 과제를 집중해서 하지 않는 한 성과는 나오지 않는다고 그는 단언한다.

유한한 자원인 에너지를 어떻게 보존하고, 그 에너지를 어떤 일에 집중할 것인지가 관건이다. 바로 에너지의 집중과 선택이 중요한 것이다. 《인생을 바꾸는 자기혁명, 몰입》이라는 책에서 황농문 교수는 "매일 열심히 일하는 것이 최선이라고 생각하던 기존의 패러다임에서 벗어나, 머리를 쓰지 않으면 아무리 열심히 해도 그저 그런 연구 결과밖에 얻지 못한다는 사실을 깨달았다"라고 말한다. 그리고 "열심히 일해도 남들보다 두 배 이상 잘하기는 힘들지만, 열심히 생각하면 남보다 10배, 100배 아니 1000배까지도 잘할 수 있는 것이다"라고 지적한다.

나는 평균 7~8시간을 잔다. 충분히 쉬고, 다이어리를 쓰거나 별도의 시간 관리는 하지 않는다. 다만 에너지 관리, 특히 두뇌 에너지를 철저히 관리한다. 출퇴근을 할 때 나는 집에서 회사까지 도보로 이동한다. 아마 다른 사람이라면 출퇴근에 걸리는 시간을 최소한으로 줄이는 선택을 했을 것이다. 집에서 회사까지는 빠른 걸음으로 45분 정도 걸린다. 처음엔 육체 에너지를 활성화하기 위해 걷기 시작했지만, 지금은 두뇌 에너지를 방해받지 않고 사용하는 하루 중 최고의 시간이 되었다.

그 시간 동안 나는 뇌 호르몬의 지원을 받으며 수많은 기획과 사고를 하고 성찰과 반성을 통해 자신감을 갖는다. 강의를 하거나, 책을 써야 할 때면 대강의 얼개가 이때 그려진다. 생각이 끝나면 정리된 결과를 실행에 옮기기만 하면 된다. 업무의 효율과 성과도 높아졌다. 생각이 확고해지고, 이미 정리된 계획과 시나리오가 있기에, 실행에 걸리는 시간은 말 그대로 '시간문제'다.

▶8단계
전파하고
요청하라

　유엔본부 인턴십과 헤리티지재단 객원 연구원 생활을 마치고 귀국해서 일자리를 알아보고 있던 나는 어느 날 후배가 보낸 이메일을 받았다. "형, 잘 지내요? 이번에 우연히 공고를 봤는데, 형이랑 잘 어울리는 것 같아요. 한번 지원해 보시는 게 어때요?" 오랜만에 소식을 듣는 후배에게서 그런 정보를 받다니 참 묘했다.

　후배가 알려준 그곳, 유엔거버넌스센터에서 지금까지 근무하고 있다. 후배가 그 정보를 내게 알려주지 않았더라면, 아마 내가 지원할 일은 없었을 것이다. 당시 채용공고가 뜬 사이트의 존재를 나는 알지 못했다. 다행히 후배는 내가 어떤 방면에 관심이 있고, 무엇을 하길 원하는지 알고 있었다. 한마디로 그는 내 스토리를 알고 있었던 것이다.

그의 머릿속에 불을 켜라

일단 누군가의 스토리를 알게 되면, 그 스토리는 마치 키워드처럼 사람의 머릿속에 남게 된다. 그리고 자신이 보고 듣는 여러 기회와 정보들이 그 키워드와 관련이 있을 때, 머릿속엔 불이 켜진다. "이거 전에 들었던 이야기인데." 그리고 이내 또 불이 켜진다. "아, 맞아. 그에게 들었어." 이것이 바로 스토리를 확산시켜야 하는 이유다. 당신의 스토리가 확산될수록 당신의 스토리를 실현할 수 있는 기회와 자원들을 더 많이 기대할 수 있다. 어느 연구 결과에 따르면 "특정한 활동에 참여하게 된 이유가 무엇이냐?"라는 질문에 대다수는 "누군가 그렇게 요청을 했기 때문"이라고 답했다고 한다.

대학원 석사 논문을 쓸 때였다. 당시는 재정적으로 많이 힘들던 시기였는데, 논문에 필요한 해외 참고문헌을 구입할 비용이 없었다. 꼭 필요한 문헌을 목록으로 작성해 교수님께 찾아갔다. "교수님, 논문을 쓰는 데 이런 문헌이 꼭 필요합니다. 제가 요즘 재정적으로 힘든데 어떻게 하면 좋을까요?" 교수님은 본인에게 할당된 그 달의 연구 자료 구입비로 내가 필요하다고 말한 10권이 넘는 책을 모두 구입해 주셨다.

학생이라면 특히 교수님께 나의 스토리는 무엇인지 명확히 알릴 필요가 있다. 교수님들에게는 정보와 기회가 많다. 재단으로부터 장학생 추천 의뢰를 받기도 하고, 국제회의에 참석할 학생을 추천해 달라는 제안도 받는다. 이때 나의 스토리가 키워드로 교수님께 각인되어 있다면, 그 기회는 다른 사람이 아닌 나에게 전달될 가능성이 높다.

사람들이 내가 1등이었는지는 기억하지 못할 수 있다. 나의 토익 점수를 잊을 수도 있다. 그러나 내가 어떤 분야에 깊은 관심을 갖고 있고, 그 분야에 어떤 스토리를 갖고 있는지는 기억될 확률이 높다. 기회를 잡기 위해서는 자신의 스토리를 친구에게, 가족에게, 친척에게, 교수님께, 선배에게, 만나는 누구에게라도 알려라.

눈에 보이지 않는 명찰에 주목하라

스토리를 적극적으로 알리는 것보다 어쩌면 더욱 중요한 것은 진심을 다해 사람을 대하는 것이다. 내 대인관계 원칙 중 하나는 '나를 만난 사람이 헤어지고 돌아갈 때 나는 대단해, 나도 가능해, 라며 자존감이 높아지는 만남'을 만드는 것이다. 스토리와의 만남은 상대방을 기죽이게 하지 않는다. 스토리는 독특할 뿐이고, 그런 독특함은 상대방도 기꺼이 받아들인다. 하지만 누군가를 만나고 헤어졌을 때, 오히려 자신감이 떨어지고 마음이 허전해지는 경우도 있다. 바로 스펙끼리의 만남이다.

몇 해 전의 일이다. 대학을 졸업하고 점점 만남이 줄어드는 친구들과 오랜만에 회포를 풀었다. 하지만 돌아오는 길이 허전했다. 같이하는 시간 내내 연봉, 자동차, 펀드, 아파트, 승진 같은 얘기만

화제로 삼았던 것이다. 직장인들에겐 소위 이런 것들이 스펙이다.

사람은 누구나 눈에 보이지 않는 명찰을 달고 있다고 한다. "나를 존중해주세요. 현재의 모습이 아닌 잠재력이 발휘될 미래의 모습으로 나를 봐주세요." 이 눈에 보이지 않는 명찰을 보면서 사람을 대할 때 놀라운 변화가 일어난다. 그 사람에게 눈빛을 맞추어주고, 그의 스토리에 장단을 맞추고 경청해줄 때, 사람과 사람은 교감하고 서로 돕고 싶은 사이가 된다. 불이 반짝 켜지는 사이가 되는 것이다.

"사람이 그들의 가장 바람직한 모습이 되도록 도와줘라. 그리고 그들이 이미 가장 바람직한 모습이 된 것처럼 대하라"라고 괴테는 말했다. 그 사람이 최고인 것처럼, 그 사람에게 집중하자. 그 사람의 잠재력이 실현된 것처럼, 우리가 먼저 인정하고 존중하자.

꿈틀거리는 장문의 문자메시지

'LG 드림 챌린저'란 프로그램에 선발되었던 한 학부생이 '멘토와의 만남'이란 과제로 나를 찾은 적이 있다. 그는 "대학 생활을 어떻게 하면 후회하지 않을까요?"라고 물었다. 이 짧은 시간에 어떤 이야기를 해줄 수 있을까, 한참을 고민하다가 "책을 읽어라. 사람에게 최선을 다하라"라고 답해주었다. 몇 주 후 장문의 문자메시지가 도착했다.

다름이 아니라 감사의 인사를 드리고 싶어서요. 그때의 만남을 통해

제가 두 가지를 배웠습니다. 첫째는 책의 중요성입니다. 실제로 세상을 보니 정말 많은 사람들이 책을 읽고 있었습니다. 고등학교 시절 함께 공부한 친구를 얼마 전에 만나 이야기해보니 그 친구도 요즘 책읽기에 매진하고 있더라고요. 남들이 책을 읽기 때문에 저도 읽는 것이 아니라 책을 읽으면 정말 얻는 것이 많은 것 같아요! 방금 전에 그때 추천해주신 《26살, 도전의 증거》를 다 읽었는데, 무언가를 시작하기도 전에 두려워하며 도전하기를 주저하는 저 자신의 모습이 보이는 듯했습니다. 실패를 두려워하지 않고 지난번 말씀드린 목표를 향해 열심히 노력하고 또 도전하려고요! 두 번째는 '사람에게 최선을 다하라'라는 메시지입니다. 평소 알고 지내는 형들한테 인사 열심히 하고 예의바르게 행동하려고 노력하고 있습니다. 그런데 얼마 전 그 형 중 한 명이 제게 책을 여러 권 주는 것이었습니다. 제가 공부하는 데 도움이 될 거라는 말을 하면서요. 많이 친하게 지낸 형도 아닌데 그렇게 책을 받고 나니 하신 말씀이 생각났어요! 꼭 무언가를 바라서가 아니라 진심을 다해 대하면 그 사람도 저를 진심으로 대할 것이라는 생각이 들었습니다. 제게 이런 소중한 가르침 주신 것에 대해 진심으로 감사드립니다. 앞으로도 책 많이 읽고 사람에게 최선을 다하는 제가 되겠습니다."

문자메시지로 이런 장문의 글을 보낼 수 있다는 것을 그때 처음 알았다. 이 친구의 이름을 잊을 수가 없다. 이 친구의 스토리 자체가 꿈틀거리는데, 어떻게 주목하지 않을 수 있겠는가?

▶9단계
온라인 부동산에 투자하라

　모 취업사이트의 설문조사 결과에 따르면, 대한민국 기업 인사 담당자 307명이 '이력서 이외에 효과적인 실무 능력 평가 자료'로 가장 많이 뽑은 것이 '개인의 관심사와 지식이 담긴 블로그나 미니홈피(39.8퍼센트)'였다. 또한 소셜미디어 활동이 있는 지원자에게 가산점을 줄 의향이 있는지 물었을 때, 거의 대부분인 93.5퍼센트가 '그렇다'라고 답했다.

　우리는 지금 검색 사회(Searching Society)를 살아가고 있다. 검색 사회의 권력 구조는 기존의 연공서열 구조와는 사뭇 다르다. 검색 사회에서는 검색이 가능한 콘텐츠가 검색 결과에 노출되는지의 여부로 권력이 평가된다. 이른바 온라인 권력이다. 한국언론재단이 20대 청년을 대상으로 '자신에게 가장 영향력 있는 매체는 무엇이냐'라고 물었다. 34퍼센트의 사람들이 지목한 매체는 국내의 한 포털 사이트였다. 온라인과 오프라인의 경계가 사라진 지금, 온라인 권력을 그저 온라인 세상의 영광이라고만 치부할 수 있을까?

콘텐츠는 키워드 검색을 통해 노출이 이루어진다. 결국 키워드를 장악하고 있는지가 관건이다. 검색 결과로 첫 페이지에 우리의 스토리가 노출될 수 있다면, 우리는 검색 사회의 권력을 쥐게 된다. 한 포털 사이트의 통계에 따르면 검색 결과에서 두 번째 페이지로 넘어가는 사람은 약 5퍼센트에 불과하다고 한다. 여러분은 검색 사회에서 검색될 만한 키워드를 얼마나 장악하고 있는가?

자신의 스토리를 확산시킬 수 있는 도구 중에서 진입 장벽이 낮아 누구나 활용할 수 있는 것이 바로 블로그와 같은 소셜미디어다. 추가 비용도 없다. 시간 투자가 관건일 뿐, 아주 저렴하다. 어떤 것이 궁금할 때 인터넷 검색 사이트에서 해당 주제를 살펴보는 것이 우리 삶의 습관이 된 지 오래다. 직장인이 '야간 대학원, 직장인'이라는 키워드로 검색하면 자신과 비슷한 고민을 했던 사람들의 글을 살펴볼 수 있다. 회사에서 직원을 위한 리더십 프로그램의 강사를 초청하기 위해서는 '리더십 강연'이란 키워드를 써보면 된다. '도전하는 G세대'라는 기획 기사를 써나갈 땐 'G세대, 글로벌 인재, 청년'이란 키워드로 관련 인물을 찾아나간다. 개인의 취미든, 호기심이든, 공식적인 업무든 우리는 검색을 통해 얻은 결과를 신뢰하고 활용한다.

〈뉴욕타임스〉를 이긴 블로거

한국의 주요 포털 사이트에서 키워드 검색을 해보면 어떤 결과가 상단에 위치할까? 평소에는 눈에 잘 띄지 않았을 테지만, 블로그 검색 결과가 상단에 노출된다. 각종 정보가 올라와 있는 '홈페이지' 검색 결과가 아니라, 개개인의 일상과 스토리가 대부분인 '블로그' 검색 결과가 먼저 노출된다니 주목할 일이다. 홈페이지는 일방적인 소통구조다. 사람들에게 'A가 좋다'고 말하지만, 사람들은 이런 메시지를 단순 정보 또는 광고로 인식한다. 반면 '웹'과 일기를 뜻하는 '로그'가 합성되어 탄생한 '블로그'는 기본적으로 개개인의 스토리가 중심이 된다. 강요하는 메시지는 없다. 나와 비슷한 감정을 가진 누군가가 경험하고 느낀 내용이 주를 이룬다. 사람들은 그런 내용을 좋아하고 더욱 신뢰한다. 미국인을 대상으로 한 연구에 따르면 소비자의 약 50퍼센트는 상품을 구매하기 전에 인터넷 검색을 통해 블로그의 내용을 참조한다고 한다. 얼굴도 모르는 그 블로거가 만족했다면, 내가 만족할 확률도 높다.

블로그가 기존의 권위 있는 홈페이지보다 강력하다는 증거는, 조금 극적이긴 하지만 지난 2002년 화제를 모았던 블로그와 〈뉴욕타임스〉의 대결에서도 확인할 수 있다. 2002년 미국의 대표적인 블로거 데이브 위너가 다음과 같은 도전장을 내놓았다. "앞으로 5년 후인 2007년의 최고 기사 다섯 개를 검색한 결과에서 블로그가 〈뉴욕타임스〉보다 상위에 노출될 것이다." 〈뉴욕타임스〉는 도전을 받아들였지만, 5년 후인 지난 2007년, 상금 2,000달러를 자신이 지정한 기관에 기부하면서 웃을 수 있었던 사람은 데이브 위너였다.

100퍼센트 수익 보장 투자법

나도 TheUNToday.com이란 블로그를 운영하면서 처음에는 정보와 지식을 올리면 올릴수록 방문자가 많아질 것이라 생각했다. 하지만 결과는 참담했다. 방문자가 하루에 수십 명을 넘지 않았고, 무엇보다 블로그 활동의 묘미인 방문자들의 댓글 같은 상호작용이 없었다. 그러다가 정보가 아니라 개인의 스토리, 일상 속에서 느낀 생각들을 올리기 시작하자 방문자가 급증했다. 방문자들은 댓글과 방명록을 통해 나와 스토리를 나누기 시작했다. 블로그에서 사람들이 가장 읽고 싶어 하는 콘텐츠는 개인의 스토리라는 것을 실감했다. 다시 한 번 강조하지만, 최고의 처세 컨설턴트 데일 카네기의 말처럼 "세상에서 가장 흥미로운 것은 '당신의 스토리'다."

미래학자들은 블로그를 포함한 소셜미디어도 앞으로 부동산과 같이 자산 가치를 인정받을 것이라 전망한다. 일종의 온라인 부동산인 셈이다. 실례로 블로그의 가치를 금액으로 평가해주는 '블로그얌'이란 서비스업체도 활동 중이다. 2009년 3월에 10만 원가량이던 내 블로그 가치는 1년이 지난 2010년 3월 현재 90만 원이 넘었다.

잠재력이 무궁무진한 온라인 부동산 시장을 선점하라. 평당 가격으로 치면 거의 공짜나 다름없다. 이 시장은 절대로 무너지지 않는다. 확실한 수익률을 보장한다.

자신의 스토리와 관련이 있는 키워드를 장악하기 위해 블로그에 관련된 내용을 지속적으로 올려보라. 이틀에 한 개씩 1년을 꾸준히 올리면 검색 결과 첫 페이지 노출 이상의 결과를 맛볼 수 있다. '유엔 진출'을 키워드로 포털 사이트에서 찾아보길 바란다. 노출이 아니라 때로는 검색 결과 전체를 장악하기도 한다. 믿기지 않는가? 해보기 전에는 나도 믿지 않았다.

▶10단계
다른 사람의 스토리를 도와라

이제 마지막 단계다. 어떤 분야든 전문가가 존재할 텐데 개개인이 자신의 지식이나 경험을 블로그에 올린다고 해서 과연 경쟁력이 있을지 궁금해 할 수도 있을 것이다. 소위 전문가가 아닌 평범한 사람들의 콘텐츠가 주목을 받고 영향력을 가지게 되는 이유는 무엇일까? 그 이유는 기존 전문가들의 패러다임으로는 '지식을 나누고 공유한다'는 스토리 시대의 패러다임을 받아들이기 어렵기 때문이다. 우리는 과거에, 정보는 독점할수록 권위가 높아진다고 배웠다. 남이 보유하지 못한 정보를 내가 독점하면 전문가로 대접받았다. 하지만 이런 패러다임은 웹을 기반으로 하는 검색 사회가 도래하면서 위기를 맞게 되었다.

공유하고 나눠준 것이 적다 보니, 검색 엔진은 아주 냉정하게 이들을 노출시키지 않는다. 노출이 없으니 자연히 이들은 시야에서 사라지게 된다. 예전에는 '누가' 말을 했는지가 대단히 중요했다. 바로 '누가'가 정보의 권위를 결정했다. 하지만 지금은 내 관심사를 채우고, 나를 즐겁게 하는 그 '무엇'이 중요하게 간주된다. 콘텐츠의 그 '무엇'이 그 콘텐츠를 생성한 '누구'보다 대접받는 것이다.

스펙 중심의 사고로는 내가 어렵게 확보한 노하우를 나눌 수 없다. 노하우가 공유될수록 내 입지는 좁아지고, 내 스펙의 순위가 뒤바뀔까 두렵다. 반면 스토리는 내가 가진 아주 작은 노하우라도 적극 나누는 속성이 있다. 자신의 이야기가 공유될수록 자신이 검색될 가능성이 높아지고, 외부 네트워크와 연결이 강화되기 때문이다. 네트워크에 대한 혁신적인 저서인 《링크》는 개개인을 '노드'로 파악하고 노드와 노드가 연결되어 구축되는 네트워크의 비밀을 공개한다. "새로운 노드들은 어디에 링크할 것인가를 결정할 때, 이미 많은 링크를 갖고 있는 노드를 선호한다." 기존에 링크가 많은 사람에게 링크가 더 쏠리게 된다는 뜻이다.

어떻게 링크를 많이 확보할 수 있을까?

스펙은 링크를 끌어오려 노력하지만, 수많은 경쟁자들 사이에서 고전 분투할 뿐이다. 홈페이지를 만들어 놓고, 사람들의 방문을 기대하지만, 그저 '좋고 좋은' 많은 홈페이지 가운데 하나일 뿐이어서 사람들의 방문을 유인하기란 쉽지 않다. 반면 스토리는 링크를 끌어오려 하기 전에 자신의 것을 아낌없이 나눈다. 다시 말하지만, 이것이야말로 스토리의 근본적 우월성이다.

블로그는 먼저 자신을 투명하게 공개한다. 사람들은 검색을 통해 직접 찾아오고 공유하며 이렇게 링크는 확보된다. 콘텐츠를 나눈다는 것은 링크를 생성한다는 것이고, 생성된 링크는 또 다른 링크를 불러온다. 또한 링크는 일방통행이 아니라 쌍방향 소통이다. 내 콘텐츠가 공유되기도 하지만, 다른 이의 콘텐츠에 내가 접근할 수도 있다. 자신이 소중하게 여기는 콘텐츠일수록 적극적으로 공유하라. 먼저 나눌수록 부자가 되고, 먼저 나눌수록 스토리의 유통기한이 늘어난다.

아주 익숙한 레퍼토리

스토리 시대에는 '사촌이 땅을 사도 배가 아픈 것'이 아니다. 땅의 주인이 사촌이기에 땅의 일부를 좋은 조건으로 사용할 수 있고, 구입한 땅 때문에 주변 시세도 올라간다. 결국 '내 땅'도 덩달아 수익이 올라간다. 그러니 누군가 '땅'을 사려고 한다면 그를 적극 도와야 한다. 다른 사람의 꿈을 적극적으로 도와라. 그 꿈을 돕다가 내 꿈을 이루게 되기도 하고, 아예 그 꿈이 내 꿈이 되기도 한다. 그의 성취가 곧 나의 성취가 되는 것이다.

독일에서 활동하는 소프라노 서예리씨는 중학교 2학년 때까지 서울예원학교에서 피아노를 전공했다. 성악을 공부하던 친구의 부탁으로 반주를 해주다가 문득 감동의 눈물을 흘렸다. 그녀는 한 인터뷰에서 그때를 회상했다. "친구가 내는 목소리를 듣고, 갑자기 따라 불러보고 싶었어요. 그저 흉내를 내보았지만 듣고 있던 친구는 차라리 네가 성악을 공부하는 게 좋겠다며 권했어요." 서예리 씨는 결국 피아노과에서 성악과로 전과했고, 반대로 친구는 성악에서 작곡으로 길을 옮겼다.

이런 레퍼토리가 익숙할 것이다. 친구의 오디션에 따라갔다가 우연하게 캐스팅되었다는……. 스토리의 세계도 비슷하다. 누군가의 꿈을 돕다가 내 꿈을 이룰 수 있다.

PART SIX

성취를 부르는 스토리활용법

성취하는 사람들은 모두 가슴 속에 뜨거운 스토리를 담고 있다. 그들은 기회를 잡고, 사람을 끌어들이며, 세상마저 설득한다. 스토리를 실천적으로 활용하는 사람들은 "Think Global, Act Local"을 삶에 옮기는 사람이다. 이를 아주 조금 변형시켜본다면 "Think Global, Act Personal"일 것이다. 세상은 자신만의 방식으로 계획하고 실행하는 사람의 스토리에 감동한다. 스토리를 활용하면 업무 능력을 향상할 수 있다. 업무 능력이 뛰어난 사람에게 기회는 한 걸음 성큼 더 가까이 다가오기 마련이다.

스토리를 취직에 활용하는 법

　스토리는 나를 수많은 경쟁자들 중 한 명이 아니라, 유일한 한 명이 되게 한다. 토익 성적, 학점, 자격증 등은 비슷하거나 혹 동일할 수 있어도, 내가 가진 스토리는 나만의 유일한 스토리이기 때문이다. 서류 전형에서 면접에 이르기까지 어떻게 스토리를 활용해볼 수 있을까? 스토리는 없는 스펙을 있는 것처럼 꾸며주는 마술도 아니고, 내가 원하는 어느 곳이나 들어가게 해주는 마법의 열쇠도 아니다. 스토리가 있다는 것은 자신의 업을 안다는 뜻이며, 그 업에 방향을 맞추어 관련된 역량과 경험을 쌓아왔다는 것을 의미한다. 스토리가 없는 스펙 쌓기는 방향성 없는 몸값 부풀리기일 뿐이다. 어떤 일이든 어떤 자리든 괜찮으니 취직하고 싶다는 지원자에게 관심을 기울일 채용담당자는 없다.

시골의사 박경철 선생은 모 방송사에서 마련한 취업준비생을 위한 특강에서 "스펙만 화려할 뿐 자신만의 이야기가 없는 사람은 절대로 취업을 할 수 없다"라고 이야기했다. 그는 그가 만난 모 기업 임원의 말을 전했다. "그런 지원자들을 보면, 부모 등골만 빨아먹은 사람이란 인상을 받을 뿐이다. 무척이나 안타깝다."

ID '삐급여행'을 아시나요?

스토리의 진가를 아는 사람은 아무런 스펙이나 마구잡이로 준비하지 않는다. 자신의 방향과 관련된 이력을 쌓아가는 것인데, 사실 그 이력은 자신의 업에 필요한 역량이라고 불러야 맞다. 스토리를 가지고 어떻게 이력서나 면접에 활용할 수 있는지는 별도의 장에서 다루고, 여기에서는 좀 더 큰 시각으로 어떻게 스토리가 있는 취직 준비를 할 수 있는지를 한 가지 사례를 통해 소개해 보겠다.

온라인에서 '삐급여행'이란 ID를 쓰는 조명화 씨는 최근 《캠퍼스 밖으로 행군하라》는 책을 펴냈다. 책 추천사를 부탁해 와서 좀 더 구체적으로 알게 된 그의 스토리는 놀랍기만 했다. 그는 한국에서 유일한 '공모전 여행 칼럼리스트'로 활동한다. '유일'이라는 말 자체가 그만의 스토리가 있다는 것을 암시한다. 스펙은 '최연소', '최초', '최대', '최고'라는 형용사를 좋아하지만, 스토리는 '유일한', '독특한', '특별한', '예외적인', '파격적인' 등의 형용사를 좋아한다. 그는 서울의 한 사립 대학교 지방 캠퍼스를 졸업했고, 졸업 직전까지 공모전 수상이나 기타 특별한 스펙을 갖추지 못한 상태였다. 그런데 졸업 직후 떠났던 160킬로미터의 국토 대장정이 그의 변화에 커다란 계기가 되었다. 그는 자신이 하고 싶은 업이 무엇인지 그때 깨달았고, 그 분야를 '관심 연구 분야'로 선택했다. '마케팅, 국제 교류, 해외 탐방, 사회봉사 그리고 여행'이 바로 그가 에너지를 쏟고 싶은 업의 방향이었다. 일단 업이 정해지면, 자신이 무엇을 준비해야 할지 명확해진다. 그는 13개 이상의 공모전에서 수상해 공모전 상금 총액만 1천만 원을 넘게 받았고, 부상으로 괌, 홍콩, 필리핀, 일본, 중국, 두바이, 독일 등으로 체험 여행을 떠났다. 인도, 미국 등에서 자원 봉사 활동을 하고 〈대학내일〉, 〈캠퍼스 헤럴드〉, 〈씽굿〉 등에 자신의 경험을 칼럼으로 써나갔다. 그리고 '여행창작소 세계견문록'이란 온라인 카페를 개설해 자신과 비슷한 꿈을 가진 사람들과 함께 '여행 작가'가 되기 위한 준비를 해왔다. 이후 그는 버진 애틀랜틱 에어웨이즈(Virgin Atlantic Airways) 국내 총판 여행사에서 근무하게 된다.

그에게도 위기가 찾아왔다. 2008년 금융 위기로 회사가 어려워지자 회사를 나와야만 했던 것이다. 다른 직을 구하기까지 그는 와인과 조주사 관련 자격증을 취득하고, 관광업계 종사자를 육성하는 국비 과정의 아카데미를 수료했다. 그러다가 베트남항공 한국 지사의 영업 마케팅부 채용 공고를 보고 지원, 채용되어 현재까지 근무 중이다.

스토리는 과거와 현재, 미래를 연결해 신뢰를 준다

그는 내게 "스토리만으로 취업을 한다는 것은 사실 이상적인 이야기다"라고 말했다. 자신도 학창시절부터 준비를 착실히 했고, 다양한 해외 경험을 한 점이 "결과적으로 어필을 했기 때문에" 취업을 할 수 있었다고 설명했다.

스토리만으로 취업을 하는 게 이상적일 수도 있지만, 사실 그는 그 '이상적인 이야기'의 주인공이다. 다시 한 번 강조하지만, 스토리로 취업한다는 의미는 내가 추구하는 방향이 명확하고, 그 방향과 관련된 역량과 경험을 갖추었다는 뜻이다. 그 방향을 따라 자신에게 포착된 '직'에 도전을 했고 성취했다. 또한 중간에 회사를 그만두어야 했지만, 스토리가 있는 사람에게 그것은 위기가 아니고 스토리를 풍성하게 할 또 다른 기회가 된다.

인시아드경영대학원의 헤르미니아 이비라 교수는 "기존의 A경력과 새로운 B경력의 중간 어디쯤, 불안한 과도기에 상대방에게 자신의 동기와 성품, 목표 달성 역량에 대한 믿음을 심어주는 가장 확실한 방법은 설득력 있는 이야기를 들려주는 것이다"라고 말한다.

그는 불가피한 경제 위기로 정리 해고를 당했고, 중간에 6개월의 '실업' 기간이 있었지만, 두 번째로 지원한 회사에 자신의 스토리를 들려줌으로써 믿음과 신뢰를 심어주었다. 스토리는 한 사람을 평가할 때 불확실한 과거와 현재, 미래를 일관성 있게 연결해 준다.

스토리가 없는 스펙은 무용지물이다

또한 업이 있는 사람은 그 방향으로 자신의 에너지를 집중하고, 그 과정에서 다양한 기회와 사람, 직이 연결되는 것을 경험한다. 그가 갖춘 다양한 공모전 경험과 자격증은 그의 스토리가 무엇인지를 알려주는 일관된 증거들로, 그저 스펙일 뿐이라고 말할 수 없다. 여러분들은 그가 최고의 스펙으로 취직했다고 생각하는가? 아니면 뚜렷한 방향성과 역량으로 구별되는 명확한 스토리로 취직했다고 보는가? 내가 보기에는 그에겐 스펙보다 더 큰 스토리가 있었고, 그의 스펙은 스토리를 나타내는 일부일 뿐이었다.

그것은 스토리라는 확실한 증거를 그가 쓴 책에서도 찾아볼 수 있다. 그는 자신의 실패 사례와 탈락 사례도 자랑스럽게 소개한다. 자신의 실패조차도 자랑스러운 경험이라고 말하는 것은 한 사람의 성장을 스토리의 관점에서 바라보는 것이 아니라면 불가능하다. 스토리가 있는 사람은 소위 '스펙'도 화려한 경우가 드물지 않다. 스토리의 특성상 스토리를 만들어가는 과정에서 다양한 체험과 학습을 해나가고 그 결과물로 자격증이든 공모전이든 자연스럽게 열매가 맺히기 때문이다. 바로 그가 그 대표적인 사례이다.

스토리를 통한 일관성 있는 체험과 학습이 중요한 이유는 작은 경험이 더 큰 경험을, 작은 성공이 큰 성공을 불러오기 때문이기도 하다. 이는 이것저것이 아니라 한 우물을 파는 사람에게만 주어지는 특권이다. 스토리가 있는 사람의 스펙은 잘 드러나지 않는다. 이들에게 스펙은 자신의 강력한 스토리에 비추어보면 그리 자랑할 만한 것이 아니기 때문이다. 스토리가 없는 사람이 오히려 스펙을 강조하고 내세운다. 스펙이 요란한 빈 수레라면, 스토리는 익을수록 고개를 숙이는 벼와 같다.

스토리를 프로젝트에 활용하는 법

　스토리는 우리가 추진하는 다양한 프로젝트에도 활용할 수 있다. 앞서 북스포부룬디의 사례에서도 언급되었지만, 특히 프로젝트를 시작하며 누군가의 참여와 지원을 이끌어낼 때 스토리는 강력한 힘을 발휘한다. 대학생들이 특정 목표를 설정하고 프로젝트를 시작한다고 해보자. 흔히 사업 계획서를 만들고, 선언적인 목표와 구체적인 로드맵, 그리고 흥분되는 조직도까지 만들어간다. 구성원들이 할 일을 나누고, 담당 업무를 설계한다.

　그러나 이러한 구조(structure) 중심의 프로젝트는 시간이 지남에 따라 열정이 사라지고, 구성원의 진입과 탈퇴가 빈번해지면서 단명하기 쉽다. 선언적인 목표는 사람을 지속적으로 이끌어가기 어렵다. 특히 개인의 감정과 연결되지 않는 수많은 착한 목표들은 그저 문서상의 목표일 뿐, 구성원의 마음속에 살아 숨쉬는 목표가 되기 힘들다. 프로젝트에도 스토리가 필요하다.

개발도상국의 물 문제를 다루고자 만들어진 대학생과 대학원생 중심의 워터웍스(WATERWorks)란 프로젝트 그룹이 있다. 이들에게서 프로젝트 관련 자문을 요청받아 다음과 같은 내용을 제안했다. 예를 들어 '제3세계에서 물 부족으로 고통받는 사람들에게 물의 접근성을 높이고, 선진국 사람들에게는 물의 중요성을 알린다'와 같은 명제적 선언이 아니라, 각자의 경험이 녹아 있는 스토리를 활용해보라는 것이었다.

"누구나 목말랐을 때 물을 먹지 못해 느꼈던 갈증이 있습니다. 그럴 때 물을 마시면 '아, 물맛 좋다'라는 말이 절로 납니다. 마찬가지로 제3세계에는 우리와 똑같은 갈증을 가진 사람들이 있습니다."

이런 스토리는 프로젝트 참가자뿐 아니라 외부인의 감성을 자극하여 영감과 문제 해결력을 높여주는 효과가 있다. '맞다. 물이란 그렇게 중요한데, 물이 없거나 오염되었다면 얼마나 힘들까. 나는 무엇을 할 수 있지?'라는 생각을 이끌어내는 것은 언제나 연역적인 선언이 아니라 귀납적인 경험을 환기시켰을 때다.

또한 프로젝트를 시작할 때는 너무 구체적인 실행 목표를 만들기보다는 프로젝트가 지향하는, 양보할 수 없는 가치를 더욱 명료하게 하는 편이 낫다. 사실 우리도 스스로가 만든 규칙이나 실행 목표를 다 지키지 못한다. 이런 작심삼일의 개인이 모였기에, 프로젝트의 규칙이나 실행 목표를 구성원들이 모두 지키기를 기대하는 것은 무리다. 실행되지 못하는 목표 때문에 구성원들은 스트레스를 받게 되고, 일부는 부담이 되거나 미안해서 프로젝트를 포기하고 탈퇴한다. 프로젝트의 가치는 사라지고, 실행 목표 자체가 덫이 되어 사람들의 에너지와 관심을 빼앗아버리는 것이다.

 대신 프로젝트가 뛰어들고자 하는 주제 또는 이슈에 관해서 구성원들끼리 스토리를 나누는 시간을 가져보자. 그것이 물이라고 한다면, 물에 대한 각자의 경험을 나눠보자. 물과 관련된 기쁜 일이 있었는지, 아니면 슬픈 일이 있었는지 이야기하자. 물로 인해 두려움을 느끼거나 어려움을 겪은 적이 있는가? 신문기사나 책에서 본 내용 말고 자기 자신의 스토리를 나누고 공유해보면, 구성원들은 자신의 스토리와 다른 사람들의 스토리에 공통분모가 있다는 것을 깨닫게 된다. 그 공통분모를 기반으로 '제3세계 사람들도 '물맛'을 느끼게 하자'라는 핵심가치를 뽑아낼 수 있는 것이다. 사실 프로젝트는 구성원 모두가 개인적으로 동의하는 핵심가치 하나만 명료하게 뽑아내면 된다. 핵심가치를 들을 때마다 자신의 스토리가 환기되면서 열정이 솟아나오고, 그 가치를 달성하기 위한 영감과 창의력이 콸콸 쏟아져 나오게 할 수 있는가? 핵심가치에 '내 스토리'가 있으니, 저 가치를 달성하기 위해 '내 몫'을 하자. 이렇게만 생각할 수 있다면, 그 프로젝트는 성공이라는 고지에 한 걸음 더 성큼 다가서게 된다.

KAIST의 '행복한 왕자' 프로젝트

KAIST에는 '행복한 왕자'라는 프로젝트가 진행 중이다. 외국인 재학생이 많은 학교 특성상 이들의 한국 생활을 돕기 위한 일종의 중고물품 나눔 가게다. 학생과 교수, 외부인들로부터 기부 받은 물품과 중고용품을 센터로 찾아온 외국학생들에게 기증하는 '행복한 왕자'는 스토리를 활용한 프로젝트의 좋은 사례다. KAIST 학생으로서 프로젝트 기획과 초창기 운영을 맡은 최진희 매니저는 "처음부터 우리의 핵심가치를 담은 스토리를 개발해 가게의 디자인, 웹 사이트, 홍보문구, 포스터를 제작했고, 기부하는 사람에게는 '행복한 왕자', 자원봉사자에게는 '제비'라는 스토리 역할을 부여했다"라고 말한다. 다음은 프로젝트 '행복한 왕자'의 스토리다.

사람들은 그를 행복한 왕자라고 불렀습니다. 그를 본 사람들은 그의 빛나는 금과 보석을 보며 찬탄했습니다. "그는 가장 행복한 사람일 거야." 왕자는 보다 많은 사람들을 행복하게 해주기 위해 카이스트 빌리지 한가운데로 옮겨지게 되었습니다. 낯선 곳에서 심심해 하던 왕자는 어느 날 취미로 마을을 둘러보다가 힘들게 살아가는 사람들을 보게 됩니다. 왕자는 눈물을 뚝뚝 흘렸습니다. "이 모든 것을 본 내가 어떻게 가장 행복한 왕자일 수 있지?" 왕자는 남쪽을 가다가 잠시 쉬어가는 단짝 친구 제비를 통해 이들을 도울 계획을 소곤소곤 세우게 됩니다. 요즘 들어 왕자에게는 이상한 증상이 보입니다. 한밤중 목욕탕에 몰래 몰래 들어가서 몸의 보석과 금 때를 밀어냅니다. 그리고 제비를 통해 사람들에게 자신의 보석을 살짝 나누어 줍니다. 사람들이 행복해 하는 모습을 보며, 왕자는 행복한 카이스트 빌리지의 진정 '행복한 왕자'가 되어가는 중입니다. 행복한 왕자는 카이스트 빌리지 서측 건물의 나눔 가게를 지키는 캐릭터입니다.

내용은 오스카 와일드의 동명 동화인 《행복한 왕자》의 스토리 구조를 빌려왔기 때문에 친숙할 것이다. 이러한 스토리텔링 전략으로 '행복한 왕자'는 높은 인지도를 얻었고 학생들과 교수와 외부 단체의 기부를 이끌어내, 창립된 지 1년 만인 2009년에는 KAIST 최우수 동아리로 선정되기도 했다.

　스토리의 상상력과 상징성을 활용하면 추진하는 업무와 사업에서 상대방의 이해와 참여를 이끌어내기 수월하다. 감성적인 스토리가 어떻게 논리와 이성에 기반을 둔 회사 업무에도 적용될 수 있을까?

　우리는 우리가 이성적으로 판단하는 것 같아 보여도 실은 감성적인 존재라는 사실을 잊을 때가 종종 있다. 스토리는 상대방에게 특정한 것을 강요하거나 강제하지 않고, "이런 스토리가 있는데 한번 생각해볼까요?"라고 접근한다. 이러한 융통성이 있는 여유로운 접근은 논의와 회의를 더 우호적으로 이끌어나간다.

고 정주영 회장의 500원짜리 지폐 이야기

　세계 조선소 순위를 보면 1위부터 6위까지 모두 한국의 기업이 휩쓸 정도로 한국은 세계 최강의 '조선' 국가다. 한국이 1970년대 초반 조선업계의 불모지에서 오늘날 세계 최고가 된 데에는 '스토리'가 결정적 역할을 했다는 것은 널리 알려진 사실이다. 고 정주영 회장의 저서 《시련은 있어도 실패는 없다》에 그 스토리가 담겨 있다.

　1970년 정주영 회장은 조선소를 만들기 위한 자금을 확보하기 위해 영국 런던으로 날아갔다. 그곳에서 은행에 보증서를 써줄 A&P 애들도어의 롱바톰 회장을 만난다. 사업 계획을 들은 롱바톰 회장은 "누가 배를 사줄지도 모르고, 한국의 상환 능력이나 잠재력 자체에 의문이 많아 곤란하다"라고 난색을 표했다. "현대의 능력으로는 이 사업이 무모하다는 평가인 듯했다. 나는 맥이 쭉 빠졌다. 지금 같으면 주요 인사와 면담을 할 때, 그에 앞서 무슨 이야기를 할 것인지 미리 준비도 하고 했을 테지만, 그때는 그럴 여유도 경험도 없었다"라고 그는 회상한다. 그때 정주영 회장은 바지주머니 속에 있던 '500원짜리 지폐'가 생각났다. 지금은 쓰이지 않는 500원 지폐의 앞면에는 이순신 장군의 모습과 거북선이 그려져 있었다. "보십시오. 우리는 300년이나 영국을 앞서 있었소. 다만 쇄국정책 때문에 산업화가 늦어졌고, 그동안 아이디어가 녹슬었을 뿐이오. 한번 시작한다면 몇 백 년 동안 잠자던 잠재력이 터져 나올 것이오." 롱바톰 회장은 고개를 끄덕였다고 한다. 1972

년 현대중공업은 설립되었다.

여기서 '만약에'라는 상상을 해보자. 정주영 회장은 저서에서 롱바톰 회장과의 만남을 위해 좀 더 구체적인 설득 자료를 준비하지 못했다고 말했다. 롱바톰 회장에게 '많이 곤란하다'는 말을 들었을 때 만약에 추가로 준비한 설득 자료를 보여줬다면 어떻게 됐을까? 이성적인 판단으로 일단 '어렵다'라는 판단을 내린 사람에게는 추가 자료를 제시해도 의견을 번복시키기란 거의 불가능하다. 그런데 500원짜리 지폐 속에 그려진 '거북선 스토리'는 이성의 방어막을 뚫고 행운의 여신을 불러들였다.

하드 팩트와 소프트 스토리의 대결

엘리트들이 최고 수준의 이성을 발휘하며 근무하는 세계은행에서도 스토리를 통한 흥미로운 사례가 있다. 세계은행의 지식 경영 프로그램 책임자로 근무했던 스티븐 데닝은 《스토리텔링으로 성공하라》는 책에서 어떻게 스토리를 활용해 조직 내 혁신을 시도했는지 소개한다. 지금은 어떤 조직이든 지식 경영을 표방하지만, 1990년대 중반까지만 해도 세계은행에서조차 지식 경영이란 생소한 문화였다. 조직 차원에서 파생되는 수많은 정보와 지식이 부서별로 공유되는 일은 극히 드물었다. 스티븐 데닝은 왜 지식을 공유하고 경영하는 것이 중요한 일인지를 입증하는 프레젠테이션을 여러 차례 했지만, 임원들의 호의적인 반응을 이끌어낼 수 없었다. 절박해진 그는 어떤 일이든 하기로 마음을 먹었다. 1996년 그는 사람들에게 다음과 같은 스토리를 들려주었다.

작년 6월, 잠비아에 있는 어느 작은 마을에 말라리아가 발생했습니다. 그때 한 의료보조원이 질병통제센터의 웹 사이트를 방문해 말라리아에 대한 치료법을 알아냈습니다. 세계에서 가장 가난한 나라에 속하는 잠비아에서, 그것도 수도에서 600킬로미터나 떨어진 작은 마을에서 일어난 일이라는 점에 주목해야 합니다. 그러나 적어도 우리에게 무엇보다 중요한 것은 세계은행이 지식 네트워크에 포함되어 있지 않았다는 사실입니다. 우리는 빈곤과 관련된 여러 가지 노하우를 갖고 있지만, 정작 그것을 필요로 하는 수백만의 사람들은 그 지식을 이용할 수 없습니다. 사람들이 그 지식을 이용할 수 없다고 상상해보십시오. 그랬을 때 우리가 어떤 조직이 될지 생각해보십시오.

이 짤막한 스토리가 "세계은행 직원들과 경영진이 조직의 미래를 바꾸도록 하는 데 큰 기여를 했다"라고 스티븐은 말한다. 지식경영에 대한 수많은 '하드 팩트(hard fact)'를 제시했을 때는 움직이지 않던 사람들이 왜 '소프트 스토리(soft story)'를 제시했을 땐 태도를 바꿨을까? 스티븐은 "사람들에게 활력과 열정을 갖고 행동하도록 독려하고 싶다면 머리보다는 마음"을 움직여야 한다는 사실을 깨달았다. 추상적인 개념과 무의미한 숫자나 통계로는 사람의 마음에 변화를 일으키기 어렵다. 하지만 마음으로 듣는 스토리는 사람들에게 변화를 통한 결과가 무엇인지 상상할 수 있는 기회를 준다. 그것도 아주 구체적이고 생생하게 말이다.

"사람들에게 배를 만들도록 하고 싶으면, 목재를 가져오게 하거나 지시를 하지 말고, 그들에게 저 넓고 푸른 바다에 대한 동경심을 키워주어라"란 말이 있다. 바다를 생각만 해도 가슴이 뛴다면, 배를 만드는 작업에 필요한 생각과 행동은 따라오게 되어 있다.

스토리를 마케팅에 활용하는 법

터키에 여행을 갔을 때 트로이를 방문한 적이 있다. 트로이는 '트로이의 목마'로 유명한 곳으로 브래드 피트가 주연한 영화 〈트로이〉의 배경이기도 하다. 기원전 1,200년경 그리스연합군이 트로이를 공격했다. 10년 동안 함락되지 않고 버텼던 트로이는 그리스연합군이 철군하며 버린 '목마'를 성 안으로 들여보낸 후, 그만 허망한 최후를 맞이하고 만다. 철군은 속임수였고, 목마 속에는 그리스 군사들이 숨어 있었다. 승리를 자축하던 트로이 군사들이 술에 취한 한밤중에 목마 속에서 그리스 군사들이 빠져나와 성문을 열었고, 성 밖에 있던 그리스연합군은 트로이를 점령했다.

당시는 항구였지만 지금은 육지가 되어버린 트로이는 당시의 유적지들은 복원되고 있었고, 재구성된 트로이 목마는 사람들이 직접 안으로 들어가 볼 수 있게 되어 있었다. 전 세계 각지의 사람들이 트로이 목마를 기억하고, 이곳에 와서 사진을 찍었다. 한국사를 전공해서 그런지 그곳에서 내가 가진 의문은 약간 엉뚱했다. "터키는 이런 문화재와 유적을 잘 이용해서 수많은 관광객들이 찾아오는데, 우리나라는 거북선이라는 세계 최초의 철갑선이 있어도 왜 관광객들이 오지 않을까?" 결국 한국에 돌아와서 거북선에 대해 더 알아봤고, 논문도 '거북선의 기원과 구조'를 주제로 쓰게 됐다.

'세계 최초'라는 타이틀을 가지고 있는 거북선은 어쩌면 '스펙'일 수 있다. 이에 반해 트로이 목마는 나름대로 특이한 '스토리'의 특성을 지니고 있다. 트로이 목마는 스토리텔링을 통해 전 세계적인 관심을 받고 있지만, 거북선은 '세계 최초'라는 스펙만 있어서 사람들의 주목과 관심을 끌기 어렵다. 이순신과 거북선을 독특한 스토리로 재구성하는 작업이 필요하다. 이야기가 있다면, 사람들은 찾는다.

스토리를 통해 마케팅에 성공한 문화유산으로는 조선왕릉이 있다. 유네스코 세계유산 자격을 점검하기 위한 국제심사위원이 강원도 영월의 장릉을 방문했다. 장릉의 주인공은 12살에 조선의 제6대 왕에 올랐던 단종으로, 삼촌인 수양대군에게 왕위를 빼앗기고 15살에 유배되었으며 17살에 죽음을 당했다. 관계자는 "유네스코 현지 실사단이 장릉에 얽힌 단종의 애절하고 슬픈 이야기를 듣고 감동했고, 비로소 조선왕릉에 주목하기 시작했다"라고 당시 상황을 전한다. 지난 2009년 조선왕릉 40기는 유네스코 세계문화유산으로 등재되었고, 조선왕릉은 전 세계에서 유일한 600년 왕조의 스토리로 새롭게 변신 중이다.

왜 우리는 특정한 장소를 여행지로 결정하고, 특정한 상품을 선택할까? 흔하디흔한 공원 벤치라도 유명 연예인이 앉았다고 하면 명소가 된다. 벤치에 일종의 스토리가 가미된 것이다. 사람들은 그 스토리 때문에 벤치에 가서 앉아도 보고 사진도 찍는다. 《보랏빛 소가 온다》에서 세스 고딘이 소개한 피닉스호텔도 그런 전략을 구사했다. 샌프란시스코의 '가장 안 좋은 동네'에 위치한, 모텔 같은 이 호텔은 로큰롤 스타 등 유명인을 초대해 호텔에 머물게 했다. '로큰롤 호텔'이라는 독특한 스토리가 창조됐고, 독특한 경험에 목말라 하는 사람들에게 피닉스호텔은 가보고 싶은 명소가 되었다.

한국에도 이러한 사례를 심심치 않게 볼 수 있다. 우리가 고기를 먹을 때 애용하는 상추에 스토리를 입힌 청년 김민중 씨. 농업에 뜻을 두고 입학한 한국농업전문학교 강의에서 '농산물에도 스토리를 입혀라'라는 강의를 들었다고 한다. 그리고 나이트클럽에서의 DJ 보조와 그룹 NRG의 매니저 경험을 떠올리며 상추에 힙합을 들려주는 '스토리'를 고안했다. 그는 현재 상추 비닐하우스 한 쪽에 DJ박스를 만들어 놓고 힙합 방송을 진행한다. "상추는 움직일 수 없잖아요. 가만히 있으면 지루할 것 같아서 리듬이라도 타보라고 하는 거예요." 무농약에 수경재배를 한 다른 상추들도 많지만, '다솜추'라고 이름 붙여진 이 상추는 '힙합 상추'라는 스토리를 배경으로 연매출이 무려 4억 원에 달한다고 한다. 스토리는 상품이나 서비스에 '독특한' '유일한' '독보적인'이라는 수식어를 붙여준다. 비록 해당 상품이나 서비스가 업계 최고나 1등 브랜드가 아니더라도 괜찮다. 스토리가 있으면 이긴다. 당신의 서비스든, 제품이든, 아이디어든 어떻게 마케팅할 것인가? 알고 보면 취업도 일종의 마케팅이다. 물론 그 마케팅에 스토리를 가미하면 더욱 효과적이다.

스토리로 가치를 전파하는 법

 자신이 소중하게 여기는 가치를 상대방에게 전달하기란 여간 어렵지 않다. '정직'이든 '사랑'이든 '평화'든 '정의'든 실제 오감으로 느끼기 어려운 가치들도 스토리는 좋은 매개체가 될 수 있다. 영화 〈아미스타드〉는 아프리카에서 노예로 팔렸다가 선상에서 반란을 일으켜 체포된 이들의 투쟁을 그린 영화다. 노예제도가 합법이었던 당시 미국에서 재판에 서게 된 이들은 어떻게 스스로를 변호해야 했을까?

 노예제 폐지론자로 구성된 변호인단은 전직 대통령인 존 애덤스에게 도움을 요청한다. 민감한 문제이므로 존 애덤스는 구체적인 지원을 약속하지는 않지만, 법정에서 승리할 수 있는 비결은 알려준다. "가장 훌륭한 이야기를 하는 자가 법정에서 승리하는 법일세." 최후의 변론 시간에 노예로 잡혔던 흑인들은 통역을 통해 선상에서 이들이 겪은 말할 수 없는 고난과 혹독한 처우를 극적인 스토리로 재구성해 들려준다. 이들에겐 결국 무죄가 선고된다.

결혼과 공정무역

대학원에서 국제기구를 전공한 나는 사회적인 가치에 대한 관심이 많은 편이었다. 그러다가 결혼식을 준비하면서 이 독특한 기회를 어떻게든 활용해보면 좋겠다는 생각이 들었다. 또한 결혼식 하객들에게 내 결혼을 축하하는 것 외에 특별한 경험을 선사해주고 싶었다. 먼저 충무로 인쇄소를 몇 차례 방문하면서 재활용지로 만든 청첩장을 직접 만들었고, 디자인은 후배에게 도움을 청했다. "본 청첩장은 재활용지를 사용했습니다. 이로 인해 수십 그루의 나무가 이 결혼을 함께 기뻐합니다"란 문구도 함께 넣었다.

또 다른 아이템을 생각하다가 친구가 담당자로 있는 아름다운가게의 공정무역 커피가 떠올랐다. 공정무역(Fair Trade)이란 '개발도상국에서 생산되는 농산물을 정당한 가격에 구매함으로써 노동자의 안정적인 생활과 지속적인 품질 향상에 기여하는 소비 방식'을 뜻한다. 커피 같은 경우, 생산자가 힘들게 생산한 커피 원두를 중간 유통업체가 헐값에 사들이고, 결국에는 이윤이 생산자가 아니라 유통업자나 판매자에게 집중되는 경우가 많다.

이러한 현실에 대한 대안으로 한국에 소개된 커피 '히말라야의 선물'은 네팔의 커피 생산자의 원두를 직접 구매하고 가공해 한국에서 판매하고 있다. 친구에게 문의를 해보니 선뜻 도와주겠다는 응답이 왔다. 2007년 당시까지만 해도 '히말라야의 선물'에 대한 인지도가 높지 않았으니 하객들에게 알려야 할 필요가 있었다. 하객에게 선물로 줄 '히말라야의 선물' 커피 티백 다섯 개와 나와 아내가 모델로 등장하는 사진에 공정무역 커피 소개 카탈로그를 함께 넣어 700세트를 준비했다. 결혼식 당일에는 아름다운가게 담당자들이 직접 공정무역 커피를 알리는 포스터를 전시하고, 커피 시음 행사도 진행했다. 준비한 세트가 모자랄 정도로 선물은 인기가 많았다. 공정무역과 '히말라야의 선물'을 알렸다는 것만으로도 뿌듯했다.

그런데 얼마 후 결혼식에 참석한 어른들로부터 연락이 오기 시작했다. 다들 직접 마셔 보니 맛과 향이 너무 좋다고 했다. 더 구입을 하고 싶은데, 인터넷 구매가 서투니까 내가 대신 구매해서 보내달라는 부탁이었다. 1년가량 시간이 흐른 어느 날 아름다운가게로부터 연락이 왔다. '2008년 아름다운커피 온라인 최다 구매자'로 선정되었다는 소식이었다.

귀중한 교훈을 얻을 수 있었다. 가치는 가치 그대로 사람들에게 전달하면 호응을 얻기 어렵다. 사람들이 쉽게 공감할 수 있는 접촉점을 만들 필요가 있는데, 그 접촉점으로 스토리만큼 강력한 도구는 없다는 것이었다. 공정무역이라는 아무리 좋은 가치가 있다 하더라도 사람들은 굳이 그 가치를 선택해야 할 이유를 발견하지 못할 수도 있다.

결혼식에 오는 하객들은 결혼식 당사자들에 대한 신뢰나 인연이 어느 정도 있는 분들이다. 당시 하객들이 받아간 '히말라야의 선물'은 그냥 커피가 아니었다. 그것은 '김정태·오사라 부부가 결혼식을 통해 하객 분들에게 자신 있게 권하는 커피'였다. 공정무역 커피라는 가치가 개인적인 스토리를 통해 전달된 것이다. 사람들은 그저 맛과 향이 좋은 커피로만 끝나지 않고, 특별한 스토리를 떠올리며 호감을 느꼈고, 그것은 가치의 구매로 이어졌다.

가치에 어떤 스토리를 입힐 것인가?

《성공하는 녀석들은 이야기도 잘한다》의 저자 아네트 시몬스는 "가치는 결코 두부 자르듯이 명확하게 정의내릴 수 없다. 이것이 바로 자신의 가치관을 행동으로 보여주는 이야기가 필요한 이유다"라고 말한다. 취업 과정뿐 아니라, 취업 후의 다양한 업무에서 우리는 위와 같은 상황에 자주 처하게 된다. "저는 윤리를 소중히 생각합니다. 함께 일하는 것을 즐깁니다. 사람 만나는 것을 좋아합니다" 등의 말들은 대부분 삶의 가치와 관련되어 있다. 그 가치에 고개를 끄덕이지 않을 사람은 없다. 하지만 고개를 끄덕이게 하는 것만으로 사람을 움직일 수는 없다. 여기에 자신만의 스토리를 입혀야 한다.

내가 알고 있는 한 지인의 자기소개서는 이렇게 꾸며져 있었다. 그는 모 기업의 마케팅 파트에 입사지원서를 내면서, "저는 사람을 만나는 것을 즐깁니다. 고객을 만나고 대화를 나누고 그분들과 함께 꼭 성공하겠습니다"라고 자신을 소개했다. 그리고 덧붙였다. 여의도공원에서는 자전거 대여점 아저씨, 파리의 개선문에서는 낯선 관광객, 식당에서는 가게 아주머니, 학교 복사 코너에서는 아저씨 등 그동안 만난 사람들과 함께 찍은 사진들을.

자신이 중요하다고 여기는 가치가 있는가? 그 가치에 어떤 스토리를 입힐 것인가? 스토리는 행동에 관한 것이다. 추상적인 가치와 구체적인 행동을 연결하라. 가치에 날개가 달릴 것이다.

PART SEVEN

당신은 보이는 것보다 크다

"우리는 잠을 자면서 꿈을 꾸지. 하지만 어떤 사람들은 낮에도 꿈을 꿔. 이런 사람들은 아주 위험하지. 자신의 꿈을 반드시 이뤄내고 마니까 말이야." 우리 자신을 존중하고, 나만의 능력을 개발하는 것, 이것이 우리 인생의 참된 의무다. 나는 나의 가장 좋은 친구이자, 내 인생의 유일한 자산이다. 스토리를 만들어보자. 제프리 카젠버그 드림웍스 애니메이션 대표는 이렇게 말했다. "세상에서 가장 좋은 스토리텔링은 우리 자신의 모습을 담는 것이다" 당신의 모습 속에 보물이 있다.

한국의 청년, 우리는 왜 빈곤한가?

 2000년 9월, 뉴욕 유엔본부에 모인 전 세계 192개국 정상들과 대표들은 인류 역사상 최초로 전 지구적으로 합의된 목표인 '유엔 새천년개발목표(The Millennium Development Goals)'를 공식 채택했다. 2015년까지 달성하기로 합의된 목표에는 극빈층 50퍼센트 감소, 전 세계 모든 아동의 초등교육 이수, 5세 미만 유아의 사망률 3분의 2 감소, 지속 가능한 환경 보장 등 8가지 목표가 포함된다. 유엔이 정한 빈곤선(poverty line)은 하루 1.25달러이다. 전 세계에는 아직도 12억 명이 하루에 1.25달러 미만의 비용으로 힘겹게 살아가고 있다. 이러한 극빈층을 2015년까지 9억 명 미만으로 감소시키기 위해 유엔은 힘겨운 노력을 하고 있다.

빈곤은 식량이 절대적으로 부족해서 발생하는 문제일까? 수많은 연구 조사는 전 세계 식량의 총량은 세계 인구를 먹이고도 남을 정도라고 한다. 오히려 전 세계 수확 곡물의 3분의 1에서 최대 절반가량은 사람이 먹을 가축의 사료로 쓰인다는 것이다. 반기문 유엔사무총장은 "우리 세대는 빈곤을 퇴치할 수 있는 재원과 지식, 그리고 기술을 보유하게 된 역사상 첫 세대"라고 말했다. 식량이나 재원이 부족하기 때문이 아니라 빈곤을 종결하려는 의지가 부족하기 때문에 빈곤 문제가 해결되지 않음을 밝히는 메시지다.

과거에 빈곤이란 '정상적인 삶을 영위할 수 없는 영양실조'로 정의되어 왔고, 이를 위해 유엔을 비롯한 국제 사회는 식량 지원과 농업 기술 지원을 계속해왔다. 그런데도 세계의 빈곤 문제는 큰 진전을 보지 못했다.

인간 개발과 빈곤의 문제

21세기에 들어서면서 빈곤의 개념이 변화하기 시작한다. 새롭게 정의된 빈곤이란 '자신이 가진 잠재력을 개발하고 발휘할 수 있는 기회를 박탈당한 상태'로 볼 수 있다. 배고픈 사람에게 빵과 우유, 밥과 김치를 전달해주면 그때의 허기는 달랠 수 있어도 이들의 사회적인 욕구인 '나는 중요한 존재다', '나는 의미 있는 존재며 사회에 공헌하고 싶다'는 근본적 열망은 해결하지 못하기 때문이다.

2006년 노벨평화상 수상자인 무함마드 유누스 박사는 "수많은 빈곤층을 돕는 최선의 전략은 새로운 기술을 전수하는 것보다 그들이 타고난 능력을 발휘할 수 있게 하는 것"이며, 이를 위해 "개인이 자신의 창의적 잠재성을 실험할 수 있는 기회를 부여하는 환경"이 제공되어야 한다고 말한다. 이러한 방식의 빈곤 문제 해결책을 유엔과 국제 사회에서는 개발(development) 또는 더 구체적으로는 인간 개발(human development)이라고 지칭한다. 유엔개발계획이 매년 발행하는 〈인간 개발 보고서〉에 따르면 '인간 개발'이란 "인간으로서 자유를 고양하며, 잠재 능력을 함양하고 활용해 나가는 과정"이다.

빈곤 문제를 해결하기 위해서는 결국 인간 개발이 이루어져야 한다. 오늘날 우리는 예전과는 다른 형태, 어찌 보면 더 치료하기 힘든 빈곤을 경험하고 있다. 이는 자신의 '개발'에 대한 꿈의 부재가 가져오는, 더욱 치명적인 빈곤이다. 한국도 크게 다르지 않다. 꿈이 없는 사람, 자신의 잠재력을 개발하지 못하는 사람 모두가 빈곤한 사람이다. 자신의 능력과 창의적 잠재성보다는 기술적인 스펙 쌓기에 몰두하는 사람들도, '인간 개발'의 관점에서 보면 빈곤층에 속할 것이다.

위험한 사람이 되자

"개발은 곧 자유다." 아시아인 최초로 1998년 노벨경제학상을 수상한 아마타야 센 교수가 남긴 유명한 말이다. 개인이 자신의 잠재력을 개발해야 하는 이유는 그래야만 삶에서 선택할 수 있는 기회가 더욱 많아지기 때문이다.

선택할 수 있는 게 많다는 것이 곧 자유라는 사실은 우리의 일상에서, 그리고 역사에서 쉽게 감지할 수 있다. 과거에 개인이 자신의 머리 모양과 길이 등을 자유롭게 결정하지 못하게 한 것을 '두발 제한'이라고 했고, 이 정책이 폐지된 것을 우리는 '두발 자유화'라고 부른다. 미국의 독립 과정에서 패트릭 헨리는 영국 왕실의 압제에 대항해 '내게 자유가 아니면 죽음을 달라'고 외쳤다.

잃어버린 갈매기의 꿈

그렇다면 우리는 자신에게 주어진 본연의 자유, 잠재력 개발을 통해 누릴 수 있는 숭고한 자유를 누리고 있을까?

리처드 바크는 세계적인 베스트셀러 《갈매기의 꿈》 도입부에서 바닷가 부두를 돌아다니는 갈매기 떼를 이렇게 묘사했다. "대부분의 갈매기들은 비상(飛上)의 단순한 사실, 즉 먹이를 찾아 해안을 떠났다 다시 돌아오는 방법 이상의 것을 배우려고 하지 않는다. 대부분의 갈매기들에게 문제가 되는 것은 날아오르는 것이 아니라 먹는 것이다." 그래서 이들은 매일 아침 해가 떠오르면 부둣가로 이동해서 사람들이 던져주는 빵 부스러기를 받아먹는다. 작가는 이어 '조너선 리빙스턴'이라 불리는 한 특별한 갈매기를 소개한다. 조너선에게 중요한 것은 '먹는 것이 아니라 나는 것'이었다. 날개는 단순히 빵 부스러기를 받아먹기 위해 존재한다고 생각지 않았고, 날개를 통해 할 수 있는 여러 비행술을 연습했다. 조너선의 아버지는 그를 나무란다. "난다는 게 널 먹여주지 못한다는 걸 너도 알잖아. 네가 나는 이유는 먹기 위해서라는 걸 잊지 마라."

하지만 조너선은 막무가내였다. "먹지 못해서 뼈와 깃털만 남아도 상관없어요. 전 다만 공중에서 제가 무엇을 할 수 있고 무얼 할 수 없는가를 알고 싶을 뿐이에요. 그게 전부인 걸요. 전 그저 알고 싶단 말이에요." 조너선은 급강하, 공중제비 넘기, 저공비행, 방위점 회전, 뒤집어서 맴돌기, 바람개비 맴돌기 등 자신이 할 수 있는 모든 비행 방법을 실험해본다. 10초 안에 시속 90마일을 날아다니는 그의 비행을 보며 동료들은 모두 부질없는 짓이라 했다. 왜냐하면 그런 행동은 '먹이'를 포착하고, 어시장에서 '생선 대가리'를 낚아채는 데 전혀 도움이 되지 않기 때문이다. 조너선은 결국 동료들에게 외면을 당한다. 그러나 '나는 이유가 먹는 것'이라고 믿는 동료 무리에서 쫓겨난 것이 어쩌면 그에게 잘 된 일이었는지 모른다. 오히려 더 담대하게 높은 하늘로 올라가게 된 조너선 리빙스턴은 깨닫는다. '가장 높이 나는 새가 가장 멀리 본다'라는 사실을.

꿈을 이루는 사람들

자유란 주어진다고 해서 누구나 누릴 수 있는 것이 아니다. 날개가 주어졌어도 모든 갈매기가 날아다니는 자유를 누리는 것은 아니다. 자유를 누리기 위해서는 자신에게 주어진 잠재력을 개발해야 한다. 갈매기의 잠재력은 강력한 바닷바람에도 견딜 수 있는 강인한 날갯짓이었다면, 나에게 주어진 잠재력은 무엇일까? 잠재력 개발은 종종 두려움을 동반한다. '날개를 날개로 보지 않는' 동료들과 주변의 눈초리를 이겨내야 한다. 경우에 따라서는 내가 익숙한 곳을 떠나야 할 때도 있다. 하지만 두려움을 극복하지 못하는 한 자유도 없다. 두려움에 굴복해 버리면 '날아오르는 것이 아니라 먹는 것'이 삶의 전부가 될 수도 있다. 그렇게 우리는 스스로 자유를 제한한다.

사람을 평범하게 만드는 것은, 그 사람의 재능이 평범하기 때문이 아니라 그 사람의 꿈이 평범하기 때문이다. 사람을 위대하게 만드는 것 또한 그 사람의 자질이 위대하거나 천재성 때문이 아니라, 그의 꿈이 위대하기 때문이다. 세계적 경영 컨설컨트 찰스 핸디는 이렇게 말한다. "우리는 잠을 자면서 꿈을 꾸지. 하지만 어떤 사람들은 낮에도 꿈을 꿔. 이런 사람들은 아주 위험해. 자신의 꿈을 반드시 이뤄내고 마니까 말이야."

우리의 건강한 두 손과 두 발, 냉철한 지성과 따뜻한 감성은 무엇을 위해 주어졌는가? 자신에게 주어진 잠재력을 개발하지 않고, 인간 개발을 통해 더 많은 선택의 기회, 즉 자유를 누리지 못한다면 청년일지라도 우리는 여전히 빈곤한 것이다. 꿈이 있어야 한다. 나 자신을 진정한 내가 되도록 개발하려는 꿈이 없다면, 그것이 바로 가난한 것이다.

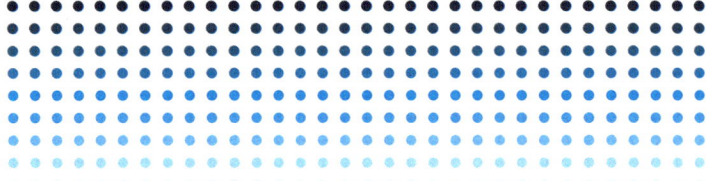

자기 계발과 인간개발은 다르다

2007년 겨울, 마카오로 출장을 가는 길에 읽은 〈월스트리트 저널〉에서 아프리카의 한 소년에 대한 흥미로운 기사를 발견했다. 말라위 출신의 캄콰바(Kamkwamba)란 소년의 이야기다. 14살의 이 소년이 전기가 없던 자기 집에 풍차를 만들어 전기를 공급했다는 내용이었다. 마을 사람들의 부탁을 받은 소년은 마을 전체로 전기를 공급하는 데도 성공했다. 기사에서는 분명 그 소년에 대해 중학교 중퇴라고 했고, 14살이라고 했다. 게다가 소년은 세계에서 가장 가난한 나라인 말라위 출신이 아닌가?

기사를 오려서 안주머니 속에 챙겼다. 한국에 돌아와 '리더십과 비전'에 대한 강의를 하면서 이 친구의 스토리를 소개했다. 특히 중고등학생들은 자신과 비슷한 또래의 친구가 이루어낸 이야기를 들으며 놀라워했다. 마침 이 친구가 쓴 《바람을 길들인 풍차소년》이란 책이 2009년 한국에도 번역 출간되면서 좀 더 자세한 스토리를 들어볼 수 있었다.

잠재력 개발이 인생의 참된 의무다

캄쾀바가 중학교에 들어가던 시기, 말라위에는 혹독한 흉년이 들었다. 평범하지만 식사를 거를 정도로 가난하진 않았던 캄쾀바의 집도 몇 년 계속되는 흉년에 하루 한 끼를 먹기도 힘들게 됐다. 1년에 80달러나 되는 학비를 낼 수가 없어 캄쾀바는 중학교를 중퇴할 수밖에 없었다. 집에 머물면서 옥수수 농사를 도우며 지내던 캄쾀바는 시간이 날 때마다 동네 도서관에 가서 책을 보곤 했다. 그러던 어느 날 《에너지 이용》이라는 미국 교과서가 캄쾀바의 인생을 바꿨다. 교과서 표지에 바람을 받으며 힘차게 돌아가는 풍차가 그려져 있었는데 그 풍차를 본 캄쾀바는 풍차를 만들 결심을 하게 됐다. 물론 그의 도전은 쉽지 않았다. 마을 사람들은 그를 '미쳤다'고 했다. "밤이든 낮이든 한결같이 나무 꼭대기로 불어오는 바람은 하느님이 말라위에 주신 몇 안 되는 선물 중 하나였다. 풍차는 그냥 동력이 아니라 자유를 의미했다."

캄쾀바의 스토리는 인간에게 내재된 잠재력이 얼마나 강력하고 매력적인지를 보여준다. 초등학교를 졸업한 것이 공식 교육의 전부였고, 자신을 지지해주는 환경도 부족하고, 작업에 필요한 부속

들을 폐차장에서 주워 와야 했지만, 그렇게 극한적인 상황에서도 소년의 내면에 심겨진 씨앗은 멋지게 꽃을 피울 수 있었다. 또한 가난한 나라라고 아이디어까지 가난한 것은 아니며, 자라온 환경이 좋고 많이 배웠다고 해서 아이디어를 실행할 수 있는 것은 아님을 증명했다. 솔직히 그가 전기의 원리를 설명하며 승압변압기와 1차 코일, 2차 코일을 언급하며 스스로 만든 회로 차단기를 소개할 때는 부끄러운 생각마저 들었다. 책을 다 읽고 난 후에는 모든 좋지 않은 조건에도 불구하고 아이디어를 실행했던 그와 좋은 조건 속에서 아이디어를 제대로 실행하지 못하는 내가 비교되면서 낯이 뜨거워졌다.

독일의 작가 리히터는 "나 자신을 존중하고 나 자신의 능력을 개발하는 것, 이것이 내 인생의 참된 의무다"라고 고백한다. 자신에게 주어진, 하지만 아직 분출되지 못한 잠재력을 개발하는 것, 그것보다 가장 시급하게 요구되는 과제는 없다.

자기 계발이 온전한 자기 개발을 방해한다

내 30대의 목표 또한 '내게 주어진 잠재력을 극대화시키고 개발하기'이다. 대학원을 졸업하고 사회에 본격적으로 진입한 때 내 나이는 30세였다. 그전에는 '학생'이라는 신분때문에 제대로 도전해보지 못한 것이 많았다. 따라서 별도의 커리어 목표를 세우는 대신 30대에는 '잠재력'을 확인하고 실현하는 데 집중했다. 커리어 개발에 성공한다면 나름대로의 만족을 얻을 수는 있겠지만, 잠재력 개발을 통한 인간 개발이 선사할 행복과는 비교할 수 없기 때문이다. 멋진 스토리를 남길 수 있었던 사람들이 성급한 커리어 개발을 하면서 자기의 스토리 기회를 놓치는 곳은 안타까운 일이다.

잠재력 개발 또는 인간 개발을 자기 계발과 혼동하는 경우도 있다. 그러나 내가 가진 잠재력을 발견하고, 개발하는 것이 우선이다. 개발을 통해 먼저 큰 밑그림과 전략이 정해지면, 계발은 전술적으로 진행이 가능하다. 하지만 요즘은 인간 개발이라는 큰 그림이 없이, 소소한 자기 계발에 덤벼드는 경우가 많다. 이는 아직 입사가 결정되지도 않았는데, 미리 정장과 구두를 다리고 입고 신는 법을 배우는 것과 같다. 자기 계발이 온전한 자기 개발, 즉 인간 개발을 방해할 수도 있다.

스펙을 쌓는다고 잠재력이 개발되지는 않는다

최근 강조되고 있는 스펙은 자기 계발의 한 유형일 뿐이다. 《자유의 의지 자기 계발의 의지》라는 책에서 서동진 교수는 "새벽 영어 강좌를 수강하고 소문난 자격증을 따려고 이곳저곳을 전전하는 이들은 정작 자기 계발이 뭔지 오해하고 있다는, 자기 계발 전문가들의 이야기는 일리 있는 것일지도 모른다"라며 소위 스펙은 자기 계발의 극히 일부분임을 지적한다. 그럼에도 요즘은 스펙 쌓기가 마치 자기 계발의 전부인 것처럼 그리고 그것이 결국은 자신의 인간 개발인 것처럼 인식되곤 한다.

잠재력은 자격증을 획득하거나 일정 점수를 따는 것과 같은 방식으로 개발되지 않는다. 《블링크》를 쓴 미국 저널리스트 말콤 글래드웰이 '1만 시간의 법칙'에서 말했듯이 충분히 긴 시간 동안 꾸준히 집중해온 분야에서 잠재력의 휴화산은 활화산으로 바뀔 확률이 높다. 내가 황금 같은 30대 10년의 시간을 '잠재력 개발하기'에 몽땅 쏟겠다고 결심한 것도 그런 이유에서다. 진정한 자기 개발을 하지 않으면 우리는 '적은 내 안에 있다'고 말하게 될 것이다. 하지만 자기 개발을 하게 되면 '내 최대의 자산은 내 안에 있다'는 것을 깨닫게 될 것이다.

화려한 G세대의 88만 원적 현실

오바마 미국 대통령의 백악관 핵심 참모 45명 중 아시아계가 세 명인데 그중에서 두 명이 한국계다. 대통령 특별보좌관인 강유진 씨와 강영우 전 부시 대통령 정책차관보의 아들로 '대통령 입법보좌관'을 맡고 있는 강진영 씨가 그 주인공이다. 보좌관급은 한국으로 치면 청와대 비서관급인데 놀라운 것은 이들의 나이가 한국 공직 사회에서는 상상하기 힘든 나이라는 것이다. 강유진 씨는 26세, 강진영 씨는 33세다. 20대인 강유진 씨 같은 경우는 대통령 유세 기간에 "오바마 후보가 필요하다면 무엇이든지 만들어내는 능력을 발휘"했다고 동료들이 평가했다. 사실 그들이 내세우는 무기는 '젊기 때문(because I am young)'이 아니라 '젊음에도 불구하고

(despite being young)' 자신의 잠재력을 충분히 발휘했기 때문이다.

이들을 보고 있자면 '만약에'라는 불경한 생각이 들기도 한다. 이들의 활동 무대가 한국이었다면, 그래도 이들이 대통령의 참모가 될 확률이 있었을까? 나이 차이가 곧 능력 차이는 아니지만 백악관 참모와 청와대 참모를 비교할 때 나이 차이는 뚜렷하다. 미국에서는 일반적으로 능력만 검증된다면 나이에 상관없이 인정해 주는 분위기가 조성되어 있다. 반면 한국에서는 '연소함'이란 능력의 유무와 상관없이 자연스럽게 '연공서열' 구조의 밑바닥에 있음을 상기시킨다. 능력이 출중해도 나이가 어리면 '아직 인생을 모르는 나이야', '머리에 피도 안 마른 것이'라는 말에 의해 밀려나기 십상이다. 미국에서 26세는 대통령 특별보좌관도 가능한 나이이지만, 한국에서는 최장 10개월 근무의 '대통령실 행정인턴' 지원만이 가능한 나이이다. 한국 청년은 여러모로 기회가 고프다.

도대체 우리가 뭘 잘못한 거지?

서울대 사회학과 송호근 교수는 "오늘의 젊은 세대에게는 기존의 젊은 세대가 누렸던 '사회적 기회(social opportunity)'가 현격하게 축소되었다"고 지적한다. '사회적 기회'란 출세의 기회, 고소득을 올릴 수 있는 기회, 취업의 기회, 또는 주택 소유자가 될 수 있는 기회 등을 포함한다. 〈조선일보〉송희영 논설실장은 한국 사회에서 "20~30대가 가난해진 지 벌써 10년이 흘렀다"고 진단한다. 반면 '88만원 세대'라 불리는 이들이 가진 인적 자본(human capital)은 평균적으로 증가했다는 게 공통적인 분석이다. 'G세대'라 불리는 이들의 인적 자본이 적절한 사회적 기회만 만나게 된다면 폭발적인 인간 개발이 이루어지는 것은 시간문제다.

하지만 단군 이래 최강의 인적 자본을 지녔다는 이들이 가질 수 있는 기회는 역설적이게도 단군 이래 최악이다. 소설가 김영하는 소설 《퀴즈쇼》에서 이런 상황을 다음과 같이 묘사한다. "우리는 단군 이래 가장 많이 공부하고 제일 똑똑하고, 외국어에도 능통하고, 첨단 전자제품도 레고 블록 만지듯 다루는 세대야. 안 그래? 거의 모두 대학을 나왔고 토익 점수는 세계 최고 수준이고 자막 없이도 할리우드 액션영화 정도는 볼 수 있고, 타이핑도 분당 300타는 우습고 평균 신장도 크지. 악기 하나쯤은 다룰 줄 알고, 맞아, 너도 피아노 치지 않아? 독서량도 우리 위 세대와 비하면 엄청나게 많아. 우리 부모 세대는 저 중에서 단 하나만 잘해도, 아니 비슷하게 하기만 해도 평생을 먹고 살 수 있었어. 그런데 왜 지금 우리는 다 놀고 있는 거야? 왜 모두 실업자인거야? 도대체 우리가 뭘 잘못한 거지?"

암울하지만 독일의 청년들도 비슷한 절규를 보내온다. 《인생 실습생들》이란 책에서 니콜라 리히터는 정규직 사회에 발을 들여놓고자 노력하는 인물에 대해 실감나게 묘사한다. "그들은 모두가 '교육을' 잘 받았고, 해외 체류 경험이 있다는 증명서를 제시할 수 있으며, 학업도 이미 마쳤다. 그리고 자신의 이력서를 아주 멋지게 꾸며놓았을 뿐만 아니라, 지원 면담을 할 때의 필요한 중요 규칙들, 예를 들면 '커피를 받아서 차가와지도록 내버려두며, 마시는 중에도 상대방과 시선을 똑바로 유지한다' 라는 등의 세세한 규칙을 잠을 자면서도 외울 수 있을 정도로 철저히 준비해두고 있었다. (중략) 그럼에도 불구하고 그들은 결코 그 다음 단계로 나아가지 못했다. 그러는 사이에 이미 유통기한이 지나 보수도, 근무여건도 나쁜 패스트푸드 레스토랑 같은 데서 일을 하면서 겨우 생활해나가고 있다." 인재는 많아졌는데, 이들이 능력을 발휘할 기회는 부족하다.

무함마드 유누스는 노벨평화상 수락 연설에서 "빈곤한 사람들이란 처음부터 빈곤의 유전자를 타고난 사람들이 아니다"라고 강조했다. 빈곤한 사람이든 성공한 사람이든 씨앗은 같다. 다만 그 씨앗이 움을 트고 자라날 토양이 없다면, 그저 씨앗으로 머무를 수밖에 없다. 그는 우리 사회가 누구나 자신의 타고난 능력을 발휘할 수 있는 '환경'을 제공한다면 "가난은 매우 빠르게 사라질 것이다"라고 전망했다. 한국 사회는 청년들에게 기회를 주는가? 그렇다면, 즉 기회가 주어지지 않는다면, 우리는 좌절하기만 할 것인가? 우리는 어떻게 해야 하는가?

우리는 스스로에게 기회를 주는가?

"자기에게 줄 수 있는 최고의 선물은 바로 기회다. 자신에게 기회를 주어라." KAIST 안철수 교수의 말이다. 기회를 주지 않는 사회에 좌절하지 말고 우리가 할 수 있는 것은 무언가를 고민하자. 자신의 잠재력을 개발할 수 있는 기회, 온전한 인간 개발로 나아갈 수 있는 기회를 찾자. 사회가 그런 기회에 인색하다면, 먼저 우리가 우리에게 그런 기회를 주자.

먼저 자신의 잠재력이 무엇인지 확인할 수 있도록 스스로 기회를 주자. 학생이라면 전공이나 관심 분야의 이론과 실전을 갖추도록 노력해보는 것도 스스로에게 기회를 주는 길이다. 직장인이라면 맡겨진 업무 가운데 방법을 바꾸거나 새로운 방법을 도입해 더 높은 성과를 올릴 수 있는 것은 없는지 찾아보는 것도 기회다. 자신의 생각과 영감을 개발하도록 책을 읽는 것도 대단한 기회를 주는 것이다.

계란으로 바위 치기라고 비웃을 수도 있다. 사회의 구조적 문제를 개인적인 문제로 치환한다는 비판 역시 가능하다. 그러나 우리가 할 수 있는 일은 무엇일까? 해결의 실마리는 그 척박한 현실에서 찾을 수밖에 없다. 그리고 그 해결책에 우리는 우리의 인생을 걸어야 한다. 다시 한 번 묻고 싶다. 우리는 좌절해야 하는가? 그저 기회를 기다려야 하는가? 우리는 무엇을 할 수 있을까? 스스로에게 기회를 주지 않는다면 우리는 영원히 빈곤한 사람일 수밖에 없다. '잠재력을 개발할 기회조차 박탈당한 상태'라는 새로운 빈곤의 정의를 기억하는가?

1927년의 어느 날, 미시건 호가 바라보이는 절벽에 29살의 한 청년이 멈춰 섰다. 사업도 실패하고, 첫 딸도 잃어버린 그는 몸을 날리기 직전 '그동안 나 자신이 낳은 경험을 인류에 공헌하는 데 써본다면 그래도 쓸모가 있지 않을까?'라는 생각을 하게 된다. 자신에게 한 번 더 기회를 주되, 이번에는 인류를 위한 삶을 살아보자고 그는 다짐했다. 1927년 그렇게 절벽에서 회생한 사람은 뒷날 '20세기의 레오나르도 다 빈치'로 불리며 '시너지'라는 용어를 세상에 선사한 미국의 건축가이자 디자이너 벅민스터 풀러였다. 인생의 가장 힘든 순간에도 우리는 우리에게 기회를 줄 수 있다. 지금 내가 할 수 있는 최선은 무엇인가?

내가 변화시킬 수 있는 사람은 오직 나 자신뿐이다

　기회도 그렇지만 변화도 우리로부터 시작되어야 한다. 간디는 "변화를 원한다면, 네 스스로 먼저 그 변화가 되어라"라고 말한다. "창의적인 인재가 인정받고 존중받는 사회를 만들어 달라"고 외치기도 해야겠지만, 내 자신이 창의적인 인재가 되기 위해 어떤 노력을 하고 있는지도 점검해야 한다. 알코올 중독증 환자를 치료하는 단체로 널리 알려진 AAA(알코올의존증방지협회)의 슬로건도 바로 "당신이 변화시킬 수 있는 사람은 오직 당신 자신뿐"이다. 변화가 나로부터 시작될 때 놀라운 결과가 가능하다.

　웨스트민스터 대성당 묘지에는 영국성공회의 한 사제가 남긴 비문이 전해지고 있다.

내가 젊고 자유로워 상상력에 한계가 없을 때
나는 세상을 변화시키겠다는 꿈을 가졌었다.
좀 더 나이가 들고 지혜를 얻었을 때
나는 세상이 변하지 않으리라는 것을 알았다.
그래서 내 시야를 약간 좁혀 내가 살고 있는
나라를 변화시켜야겠다고 결심했다.
그러나 그것 역시 불가능한 일이었다.

황혼의 나이가 되었을 때 나는 마지막 시도로,
나와 가장 가까운 내 가족을 변화시키겠다고 마음을 정했다.
그러나 아무도 달라지지 않았다.
이제 죽음을 맞이하기 위해 누운 자리에서
나는 문득 깨닫는다.

만일 내가 내 자신을 먼저 변화시켰더라면,
그것을 보고 내 가족이 변화되었으리라는 것을,
또한 그것에 용기를 얻어 내 나라를
더 좋은 곳으로 바꿀 수 있었으리라는 것을
그리고 누가 아는가, 세상도 변화되었을지.

88만 원 세대여, 리잘의 아령을 들어라!

변화의 순서는 명확하다. 사회 구조적으로 '88만 원 세대', '77

만 원 세대'가 양산되고 있지만, 그 구조에 의미 있는 변화를 가져오기 위해서라도 나로부터의 변화는 꼭 필요하다. 사실 우리에겐 매일 매일이 변화할 수 있는 새로운 기회다. 오늘 하지 못한 결심은 내일 새벽 다시 시작할 수 있다. 건강한 몸매가 부러운 사람이라면 내일 아침 일찍 출근길부터 걷기를 실행할 수 있다. 사람 앞에 나서거나 말하는 것이 두렵다면 내 경험과 같이 '1수업 1질문'과 같은 결심을 통해 변화를 시작할 수 있다. 변화는 나로부터, 내가 서 있는 곳에서 가능하다. 사회를 혁명하기 전에, 내 혁명부터 시작해보자.

필리핀에 갔을 때 필리핀의 독립 영웅인 호세 리잘의 기념관을 방문한 적이 있다. 그곳에는 의사였던 리잘이 스페인 치하의 필리핀 독립운동에 뛰어들던 당시에 애용했던 물품들이 함께 전시되어 있었다. 그중에서 아령이라고는 좀처럼 생각하기 힘든 너무나 묵직하고 큰 '리잘의 아령'이 있었다. 소개글은 "리잘은 자신의 신체가 선천적으로 약함을 알았기에 독립운동을 위해 근육을 키우는 노력을 게을리 하지 않았다"라고 설명하고 있었다. 리잘의 아령은 큰 변화를 원하고 추구하기에 앞서, 그 변화에 필요한 내 자신의 변화를 게을리 하지 말라는 메시지다.

내가 변해야 세상도 변한다

고등학교 전교생 170명 중 169등으로 아슬아슬하게 꼴찌를 면했던 대니 서(서지윤)는 1998년 약관의 나이에 〈피플〉이 선정한

'세계에서 가장 아름다운 50인'에 뽑혔다. 학교 꼴찌가 고등학교도 아닌 세계의 50인에 뽑힐 수 있었던 이유는 무엇일까?

12살에 23달러로 시작해 '지구 2000'이란 학생 환경 NGO를 수만 명의 회원단체로 성장시킨 그는 학교에서 더 이상 적성과 흥미를 찾을 수 없었다. 그는 "대학에 안 갈래요"라는 선언으로 스스로 변화를 선택한다. "중요한 것은 학벌이나 국적, 인종이나 나이가 아니다. 중요한 것은 세상을 바꾸기 위한 개개인의 역량이다. 세상을 어떻게 변화시킬 것인가는 스스로가 결정해야 할 일이다. 지금 우리가 사는 곳에 대한 불평, 분석만 하는 일은 이제 그만 멈춰야 한다. 행동해야 한다. 내가 변해야 세상도 변한다." 그는 변했고, 그를 바라보는 세상도 변했다.

매일 하루하루가 우리에겐 수많은 변신과 기적을 행할 기회이다. 누구나 하루에 최소한 한 번쯤은 기적을 만들 수 있다. 무엇보다 가장 큰 기적은 자신이 변하는 기적이다.

우리는 보이는 것보다 더 크다

자동차의 사이드미러에 보면 이런 문구가 적혀 있다. "물체가 보이는 것보다 더 가까이에 있습니다." 이 표현은 우리의 잠재력에도 그대로 적용이 가능하다. "우리는 지금 보이는 모습보다 더 위대한 존재입니다."

앞서 소개한 캄쾀바도 '한국의 친구 여러분께'라는 글에서 "우리에겐 엄청난 잠재력이 있습니다. 우리는 우리가 알고 있는 것보다 훨씬 강하며, 우리의 몸과 마음은 놀라운 일을 해낼 수 있습니다"라고 말했다. 소위 선진국인 북유럽이나 미국에 사는 어떤 소년이 이런 이야기를 했다면, "그래, 너는 환경이 좋잖아"라고 말할 수 있을 것이다. 그러나 말라위의 캄쾀바가 하는 말이니 그 누가 반박할 수 있을까.

랍비의 선물

자신의 잠재력을 개발하기 위해서는 먼저 스스로의 잠재력을 인정하는 게 중요하다. 정신과 의사이자 베스트셀러 작가인 스캇 펙 박사의《평화 만들기》에는 '랍비의 선물' 이란 스토리가 소개되어 있다. 몰락해가는 수도원에 수도원장과 네 명의 수사가 있었는데 모두 일흔이 넘는 고령이었다. 교단을 살릴 방법을 찾고자 수사 중 한 명이 존경받는 랍비를 찾아가 조언을 구했다. 랍비는 이렇게 말했다. "유감스럽게도 아무런 조언도 해 드릴 수가 없습니다. 제가 해드릴 수 있는 유일한 답변이 있다면 당신들 중 한 사람이 구세주라는 것입니다."

이를 전해들은 수사들은 과연 누가 구세주일지 고민하기 시작했다. 그리고 혹시나 자신들 중 한 명이 구세주일지도 모른다는 생각에 서로를 각별히 공경하는 마음으로 대했다. 또한 각각의 수사들은 만의 하나 본인이 구세주일지도 모른다는 생각에서 자기 자신도 사랑하고 존경하기 시작했다. 마을 사람들은 다섯 명의 수사를 접하면서 그들에게서 특별한 존경의 기운이 나와 수도원 곳곳에 그 기운이 충만함을 느끼게 되었다. 사람들은 이유도 알지 못한 채 수도원에서 더 자주 즐거운 시간을 보내며 기도를 하기 시작했다. 그렇게 몇 년을 보낸 사이에 수도원은 다시 전과 같이 매우 활기를 띠게 되었고, 그 지역에서 빛과 영성의 중심이 되었다.

랍비의 선물은 무엇이었나? 랍비가 하고 싶었던 조언은 "여러분 각자의 잠재력만으로 충분합니다. 자신의 잠재력을 인정하고 활용하세요"란 것이 아니었을까? 하지만 그런 말을 직접 하면, 수사들은 "저희요? 저희로 충분했다면 랍비를 찾아왔겠어요? 저희로는 가망이 없어요"라고 반박하진 않았을까? 그래서 랍비는 지혜롭게 "당신들 중 한 사람이 구세주"라고 했던 것은 아닐까? 결과적으로 수도원이 부흥했으니 그들은 어떤 의미에서 모두 구세주이기도 하다.

휴먼 벤처 캐피탈리스트의 저자 100명 발굴 프로젝트

《작은 실천이 세상을 바꾼다》라는 책에서 대니 서는 "나는 아주 어렸을 적부터 내 자신이 언제나 아주 특별한 사명을 띠고 이 세상에 태어났다고 믿어왔다. 그 사명이란, 다른 이들에게 바로 그들 자신의 잠재력을 완전히 발휘하도록 노력을 다하면 엄청난 일을 해낼 수 있다는 것을 깨우쳐 주는 바로 그 일이었다"라고 회상한다. 대니 서는 랍비의 선물을 사람들에게 나눠주는 것 자체가 자신의 특별한 사명이라고 받아들인 것이다.

나 또한 스스로를 휴먼 벤처 캐피털리스트라고 부른다. 벤처 캐피털리스트는 '새롭게 시작하는 사업 중 잠재 수익이 좋은 사업에 투자하는 사람'을 뜻한다. 나는 사업에 투자할 자본이 없기에 돈을 투자할 수는 없다. 하지만 '지금은 저평가되었지만 잠재 능력이 있는 사람'을 뜻하는 '휴먼 벤처'를 격려하고, 그에게 '넌 할 수 있다'라고 독려하는 역할은 할 수 있다.

휴먼 벤처 캐피탈리스트로서 내가 진행하는 '사업' 중 하나는 '저자 100명 발굴 프로젝트'다. 개인적으로 글쓰기를 좋아해서 나는 지금까지 10권의 책을 쓰거나 번역했다. 그 과정에서 깨달은 교훈이 '누구나 한 가지 이상의 스토리를 가지고 있고, 누구나 책을 쓸 수가 있다'란 것이다. 내가 2004년에 첫 책을 냈을 때 사람들의 반응은 "책을 내다니 정말 대단해!"였다. 2007년 두 번째 책과 세 번째 책을 냈을 때 사람들은 "책 또 냈어? 멋지네"라고 격려해 주었다. 네 번째 책부터는 사람들은 별 반응 없이 오히려 내게 묻는다. "책, 나도 한 권 낼까 하는데 괜찮을까?" 책을 내는 것 자체를 너무 어렵거나 먼 나라의 이야기로 받아들였던 사람들도 실제로 내가 책을 내는 것을 지켜보면서 "정태가 책을 썼어? 그럼 나도 가능하겠네"라고 생각하게 된 것이다. 나는 사람들에게 나도 책을 쓸 수 있다는 자신감, 즉 랍비의 선물을 준 셈이다. 내 랍비의 선물이 효과가 있는지 현재까지 30여 명이 넘는 지인들이 책을 써서 저자로 데뷔했거나 쓰고 있는 중이다.

가장 먼저 스스로를 믿어라

경영 컨설턴트 찰스 핸디는 '캐퍼빌리티 브라운(Capability Brown)'이라고 불렸던 한 실존 인물을 소개한 바 있다. 영국의 대저택을 둘러싸고 있는 멋진 정원을 수도 없이 설계한 조경 건축가였던 브라운은 어떤 땅이든 한번 보면 그 가능성을 단번에 알아봤다. 그래서 당시에는 볼품없지만 무한한 잠재력을 가진 땅을 보면 그는 "이 땅은 좋은 캐퍼빌리티를 갖고 있군요"라고 말하곤 했다. 그 이후로 사람들은 그의 이름 앞에 '엄청난 잠재력'을 뜻하는 '캐퍼빌리티'를 붙여 불렀다는 것이다.

자신의 잠재력을 개발하기 위해서는 먼저 스스로를 믿어야 한다. 자신의 잠재력을 인정해줄 캐퍼빌리티 브라운 같은 사람을 만나는 행운도 있어야 한다. 스스로에게 '랍비의 선물'을 선사하고, 스스로가 캐퍼빌리티 아무개가 되는 것도 가능하다. 아니면 나처럼 휴먼 벤처 캐피탈리스트로 활동할 수도 있다.

사실 우리 주위에는 만날 때마다 우리에게 '내가 할 수 있을까?'라고 회의하게 만드는 사람들이 있다. 스펙 열풍에 휩싸인, 알게 모르게 그것을 조장하는 사회적 분위기 또한 잠재력을 발견하고 개발하는 데 장애가 된다. 이 말을 꼭 명심하라. "당신들 중 한 사람이 구세주입니다."

삶의 전략으로서의
소유와 존재

'나를 나답게 만드는 것' 또는 '나를 의미 있게 느끼게 하는 것'은 무엇인가 생각해보고 선택해보자. 세계적인 석학들은 친절하게도 선택할 수 있는 옵션을 두 개로 축약해 놓았다. 소유냐 존재냐. 대표적으로 에리히 프롬은 재산, 지식, 사회적 지위, 권력 등의 소유에 전념하는 '소유 양식'과 자기 능력을 능동적으로 발휘하며 삶의 희열을 확신할 수 있는 '존재 양식' 등, 이렇게 두 가지 삶의 양식이 있다고 말한다.

  삶의 양식을 명확히 선택하는 것이 중요한 이유는 그 양식이 삶의 목적을 달성하는 전략이기 때문이다. 여기서 '삶의 목적'은 극히 주관적인 부분이긴 하지만, 통상 동의되는 '자아 실현' 또는

'내가 행복한 삶'을 의미한다고 가정해보자. 내 자아 실현을 위해 '소유 양식'으로 살아가는 것이 더 적합한지, '존재 양식'으로 살아가는 것이 더 맞는 것인지 전략적으로 선택해야 한다.

선택한 전략에 따라 목표 달성 여부가 영향을 받는다. 여기서 '존재 양식'을 택했다고 소유를 포기하는 것은 아니다. 존재 양식을 택한다는 것은 '소유를 통해' 행복한 삶을 누릴 수 있음을 믿거나 그것의 함정에 빠지지 않겠다는 뜻이다. 이들에게도 소유는 있지만, '존재 양식'을 지탱해주는 정도면 족하다. 또한 소유 양식을 택했다고 해서 내 존재가 사라지는 것은 아니다. 소유 양식을 택했다는 것은 존재를 통해 행복한 삶을 살기가 불가능하다고 생각하는 것이다. 이들에게도 존재감은 있지만, 재산, 지식, 권력 등이 나의 존재를 일깨워주는 정도면 만족한다.

삶의 전략으로서 소유 양식과 존재 양식의 문제는 취업을 준비하는 시기에도 상당히 중요하다. 소유 양식이 자칫 업의 발견을 방해할 수도 있기 때문이다. 그만큼 시야가 좁아질 수밖에 없고, 업과 직의 전도를 야기하기도 한다. 업의 발견이 힘들면, 강력한 스토리의 완성은 그만큼 힘들어진다.

전략의 적합성을 판단하는 기준

고도로 산업화된 현대 사회에서 두 가지 삶의 전략은 동등한 지지를 받지 못하고 있다. 에리히 프롬은 소유 양식이 주류라고 단언한다. 이를 주체적으로 선택한 사람도 많겠지만, '이게 주류라니깐, 그래도 많은 사람이 선택한 삶이니 가장 무난하고 안전하겠지' 하고 동조한 사람들이 사실상 더 많다. 선택을 하는 데 참고할 사항으로 물론 '많은 사람이 선택한 것'도 중요하지만, '선택한 결과'를 종합적으로 관찰하는 것이 사실상 더 중요하다. 왜냐하면 어떤 전략의 적합성 여부는 전략 자체의 우열보다는 전략이 결국 목표를 달성했는지 여부에 따라 판가름 나기 때문이다.

어떤 주식형 펀드에 사람이 많이 몰린다고 해당 펀드의 수익률이 높아지는 것은 아니다. 주류와 비주류의 구분은 펀드의 수익률과는 상관이 없다. 문제는 다수의 사람들이 펀드에서는 수익률을 많이 참고하면서, 인생의 전략을 선택할 때는 '배팅한 사람들의 수'를 실제 '수익률'보다 더 중요하게 생각한다는 점이다. 그리고 6개월, 1년의 수익률을 봐서도 안 된다. 목표로 하는 전체 기간의 수익률을 살펴봐야 한다.

단기 수익률을 따지면 소유 양식 전략이 더 강해 보인다. 재산이나 학위, 지위와 권력 등 확연히 눈에 보이는 증거들이 있기 때문이다. 또한 사회 문화적으로 우리를 둘러싼 수많은 광고와 메시지들은 암묵적으로 소유 양식을 지지한다. 학교를 갓 졸업하거나 사회생활을 처음하고 몇 번 동창회를 나가게 되면, 이런 단기 수익률에 굉장히 민감하게 된다. "누구는 연봉이 얼마더라, 이번에 서열을 파괴하고 최연소로 과장이 됐다는데? 줄 잘 탔네. 연구비를 완전 쓸어갔구먼." 이런 이야기를 듣다 보면, 아무리 '존재' 운운하던 사람들도 부글부글 끓게 된다. 나는 지금 무엇을 하고 있는 것일까?

의미 있는 반전

그러나 아직 스토리는 끝나지 않았다. 일찌감치 좌절하지 말자. 언제까지 단기 수익률만 계속되지는 않는다. 나이가 들면서 수익은 이제 장기 수익률로 접어든다. 여기서부터 정말 재미있는 반전이 시작된다. 긴 말 필요 없이 깔끔하게 연구 결과를 인용하겠다. "1인당 국민소득 1만 달러 등 개인의 수입이 특정 수준에 도달하면 행복 수준에 큰 차이가 없다." 단기적으로는 소유 양식을 통해 느꼈던 '내가 행복하다'는 느낌이 수입과 부가 더 증가해도 나아지지 않는다는 뜻이다. 또한 인간의 만족감을 결정하는 기준은 일반적으로 '나는 무엇을 가졌는가(have)'에서 '나는 무엇을 하는가(do)'로, 그리고 '나는 누구인가(be)'로 상승 변화하는 경향이 있다.

여기서부터 존재 양식 전략이 고개를 내민다. 존재 양식은 장기 수익률의 강자다. 에리히 프롬에 따르면 존재 양식은 개인에게는 '아무것에도 집착하지 않고, 끊임없이 성장하는 것'을 의미하며, 타자와의 관계에서는 '주고, 나누고, 함께 관심을 갖는 살아 있는 관계'를 유지하는 것이다. 개인의 성장과 타인과의 살아 있는 관계가 많아지면 많아질수록 행복 수준도 향상된다. 소득이 어느 수준이 되면, 행복을 증진하는 데 별 도움이 되지 않는 것과는 비교가 된다.

단기와 장기의 개념, 즉 시간을 두고 생각했을 때 두 전략은 판이한 차이를 가져온다. 존재 양식은 시간이 갈수록, 함께 기쁨과 슬픔을 나누고, 삶의 고민을 함께 풀어갈 사람들을 불러 모은다. 바로 이것들이 소유로 얻을 수 없는, 존재 양식을 기반으로 살아가는 사람들의 진정한 '자산'으로, 행복감을 느끼는 원천이다.

소유 양식도 시간이 갈수록 늘어나는 것이 있다. 원하는 대로 소비하거나 사용할 수 있는 물건들이다. 데이브 배리는 《나의 인생의 전환점》에서 자신이 20년간 소유 양식으로 살아왔던 결과를 매우 자세하게 묘사한다. "고액의 융자를 받아 구입한 집 말고, 아직 27개월 할부가 남아 있지만 벌써 잦은 고장을 일으키는 자동차 말고는, 제대로 작동하지 않는 갖가지 전기 제품들 말고는, 더 이상 읽지 않는 산더미 같은 책들 말고는, 더 이상 입지 않는 옷들 말고는, 더 이상 가지 않는 헬스 클럽의 회원증 말고는, 그리고 냉장고 깊은 어딘가에서 1년은 지났을 법한 돼지고기 요리 말고는, 당신이 지난 20년간 벌어온 돈에 대해 보여줄 것이 없다."

에리히 프롬은 존재 양식의 삶을 '삶의 무도회'라고 즐겨 표현한다. 이런 삶에는 즐거움과 재미, 사람들이 있기 때문이다. 마르크스는 "당신의 존재가 희미하면 희미할수록, 당신은 그만큼 더 소유하게 된다"라고 경고한다. 삶의 무도회에 초청할 사람이 없기에, 그 넓은 무도회장에 물건이라도 들여 놓으려 한다.

진정한 기업가 정신이 필요하다

"무슨 일 하세요?"라고 사람들이 물을 때 나는 사람들이 어떤 대답을 원하는지 직감하곤 한다. 내가 다니는 직장이 어디인지 궁금하다는 의미다. "국제 협력에 관련된 일을 해요." 이쯤에서 만족하지 않고 더 묻는 사람들도 종종 있다. "국제 협력요? 그래서 어디에 계시는데요?" 사람들은 유엔 산하기구에서 일한다고 하면 놀라워한다. "유엔에서 일하는 사람은 처음 만나 봐요!"라며 놀라는 사람도 있었다. 하지만 사람들이 놀라워하는 것은 '내'가 아니라, '내가 속한 조직'이라는 것을 나는 안다. 어떤 전문가는 "직장에서 퇴근 후에는 절대로 회사 명함을 돌리면서 자신을 소개하지 말라"라고 조언한다. 조직이 가져다주는 후광효과에 취해 24시간

365일을 살다보면, 막상 그 조직에서 나갔을 때 생존할 수 있는 능력이 떨어진다는 것이다.

최근에는 단순히 자신이 몸담은 조직이 아니라 자신의 지식과 역량을 나타내주는 답변도 자주 들을 수 있다. 공학자입니다, 휴대폰게임 개발자입니다, 잡지 디자이너예요, 등으로 자신을 소개하는 것은 자신을 조직에 배속된 부분으로 보는 것이 아니라 조직이 나를 고용한 본질적인 이유를 말하는 것이다. "A회사에 다니세요? 대단하세요"라는 주변의 이야기에 우쭐하지 말자. 진정 우리가 들어야 할 이야기는 "정말 멋진 일 하시네요. 열정적이세요. 매력적입니다. 참 부럽습니다"라는 말이다.

희망제작소의 소셜 디자이너 스쿨 특별 과정으로 진행된 '안철수의 좋은 MBA' 과정을 8주간 들은 적이 있다. 내게는 안철수 교수님을 직접 만나 배우고 토론하게 된 첫 기회였다. 첫 강의였던 '위기를 탈출하는 창조적인 기업가 정신'에서 안철수 교수는 "여러분이 아는 기업가는 기업가가 아닐 수도 있습니다"라고 말했다. 그는 두 종류의 기업가가 있다고 했다. 기업가(起業家, entreprenuer)와 기업가(企業家, businessman)였다. "후자의 기업가는 수익을 내는 것이 목적입니다. 반면 전자의 기업가는 수익을 넘어 가치를 창출해내는 사람입니다. 기업가 정신 또는 진정한 기업가라 했을 때 우리는 전자를 의미합니다. 이들은 새롭게 가치를 창출하거나 일자리를 창출하는 사람입니다." 질문 시간에 누군가 손을 들었다. "교수님, 그렇다면 우리 모두 창업에 나서야 되는 건가요?" 안철수 교수는 기다렸다는 듯이 전혀 흔들리지 않고 강조했다. "지금 직장에 다니더라도 기업가 정신을 갖고 살아갈 수 있습니다. 자신이 몸담고 있는 조직의 혁신과 발전에 기여하고, 부가가치 창출에 공헌하고 있다면, 그 사람은 기업가 정신을 발휘하고 있는 셈이죠."

현대 경영학의 대가 피터 드러커는 "기업가 정신이란 새로운 사업을 창출하는 것"이라고 정의한다. 한 언론과의 인터뷰에서 "기업가 정신을 가장 잘 실천하는 나라가 어디냐?"라는 질문에 그는 "의심할 나위 없이 그것은 한국이다"라고 답했다. 학생이라면 자신의 분야에서 프로젝트를 실행하고, 직장인이라면 기업의 새로운 수익모델을 창출할 수 있다. 내가 학생이든 회사원이든 어떤 곳에 어떤 모습으로 있는지 상관없이 나도 기업가가 될 수 있다는 것은 놀라운 발견이었다.

그 이후로 나는 예전에는 한 번도 생각해보지 않았던 질문을 스스로에게 던지게 되었다. 나는 기업가(entreprenuer)인가? 내가 속한 조직에서 나는 기업가 정신을 발현하고 있는가? "직원은 자신의 운명을 남에게 맡기는 사람이며, 기업주는 자신의 운명을 스스로 통제하는 사람이다"란 정의가 있다. 세계적인 국제 경영 컨설턴트이다 보브 오블리는 이런 인생을 자기사업체(Enterprise of Self)라고 표현한다. 조직원이라 할지라도 개인으로서 자신을 기업가로 간주하며 스스로 자신의 역량을 개척해나갈 때 그저 조직원으로서 갖게 되는 매너리즘과 어려움을 극복할 수 있다는 것이다.

PART EIGHT

변화하는 세상,
스토리는 생존이다

스펙의 시대는 우리에게 "경쟁하라, 그러면 구원이 있을 것이라" 속삭인다. 그러나 그것은 허울 좋은 신화에 불과하다. 이미 현실이 증명하고 있지 않은가. 이야기하라, 그러면 성취할 것이다. 세상 그 무엇이든 성취는 스스로 움직이게 만드는 힘, 즉 자유의지(free will)가 있을 때 가능하다. 자유의지란 삶의 중심을 자신에게 두고, 자신의 의지로 긍정적인 결과를 성취해 내는 마음의 힘이다. 두려워하지 말자. 스토리가 스펙을 이긴다.

신발 끈을 다시 묶어라

　대학 졸업장을 받아들고, 어떤 삶을 살아야 할지 아직 명쾌한 답이 없던 27살의 어느 해, 내가 120번이 넘게 큰소리를 내어 읽은 책이 있다. 한 번 읽을 때마다 60분이 걸렸는데, 아침과 저녁으로 약 두 달을 그렇게 읽었던 것 같다. 서당에서 '하늘 천, 땅 지, 검을 현, 누를 황' 천자문을 읽는 것도 아닐 텐데, 나는 어떤 책을 그렇게 질리도록 읽었던 것일까?

　Who Moved My Cheese?, 즉 '누가 내 치즈를 옮겼는가?'라는 흥미로운 제목의 영어책이었는데, 처음엔 단순히 내 발음을 교정하기 위한 보조 교재에 불과했다. 꼭 이 책이 아니어도 상관없었지만, 짧은 분량에다 중간 중간 그림까지 삽입되어 있어 부담스럽지 않았다. 오디오북 CD를 구입해 귀로 들으면서, 눈으로는 책을 따라가고 입으로는 그대로 발음하려고 노력했다. 아침에 일어나자마자 큰 소리로 낭독하고, 집에 와서 다시 낭독했다. 차츰 신기하게도 액센트와 톤, 리듬이 CD의 성우와 비슷해지기 시작했다. 발음이 변하기 시작한 것이다. 나중에는 CD를 듣지 않고서도, 혼자서 성우의 발음을 거의 그대로 모방할 수 있었다. 발음에 점차 자신감이 커지자, 그전에는 별 주목을 하지 않았던 책의 내용도 들어오기 시작했다.

발음 교정을 위해 선택했던 책을 읽으면서, 나는 발음보다 더 중요한 교훈을 본의 아니게 습득하게 됐다. 그것도 한 번이 아닌 120번이나. 그것은 변화에 관한 이야기였다.

치즈, 그리고 변화에 관한 이야기

책에는 '햄'과 '허'라는 이름을 가진 사람과 '스니프'와 '스커리'라는 생쥐가 주인공으로 등장한다. 매일같이 이들은 생존을 위해 거대한 미로를 탐험하며 '치즈'를 찾아 나선다. 그들에게 치즈란, 행복을 보장해주는 그 무엇이었다. 그러다가 이들은 우연하게 거대한 치즈 창고(Cheese Station C)를 발견하게 된다. 그리고 아예 집을 치즈 창고 근처로 옮기고, 매일 아침마다 생존을 위한 달리기를 할 때 신었던 운동화를 벗어던진다. "이 정도면 충분할 거야. 더 이상 저 불확실한 미로를 매일 달려 나갈 필요가 없어 다행이야."

하지만 충분할 것만 같았던 치즈가 매일같이 줄어들자, 이를 민감하게 알아차린 스니프와 스커리는 다른 치즈를 찾아 떠난다. 그리고 어느 날 아침, 햄과 허는 평소처럼 집을 나와 들어섰던 치즈 창고가 텅텅 비어 있는 것을 발견하게 된다. '누가 내 치즈를 옮겼지?' 사실 치즈는 그날 아침 한순간에 사라진 것은 아니었다. 매일 치즈가 사라지는 변화가 있었지만, 햄과 허는 그 사실을 치즈가 완전히 사라진 다음에야 발견했을 뿐이다. '내 치즈를 누가 훔쳐갔지? 내 치즈를 돌려줘!' 그들은 매일매일 텅 빈 창고를 방문하면서, 사라진 치즈가 다시 돌아오기만을 기다린다. 생쥐보다 더 뛰어난 지식을 가졌다고 자랑하던 햄과 허는 과연 어떻게 행동했을까?

이 이야기는 변화란 불가피한 것이며, 변화가 찾아왔다고 분노하기에 앞서, 변화를 포용하고, 변화와 함께 움직이라는 메시지를 전달한다. 사람들마다 다른 의미로 해석할 수 있는 '치즈'는 영원히 우리와 함께하지 못한다. 지금 내가 머물고 있는 '치즈 창고'도 안전지대가 되진 못한다. 안전지대란 현재 머무는 곳에서 만들어지지 않고, 내가 이동할 때 만들어진다는 불편한 사실을 알려준다.

이야기는 햄이 벗어 던졌던 운동화를 찾아내, 신발 끈을 단단히 묶고, 불확실하고 어두운 미로를 향해 다시금 질주하는 것으로 이어진다. 그리고 그 과정에서 햄은 '불안정과 불확실을 지금 경험할수록 미래는 더욱 확실해지고 안정될 수 있다'는 것을 깨닫는다.

당신은 지금 어떤 질문을 하고 있는가?

햄이 했던 것처럼 '88만 원 세대'라 불리는 한국의 청년들도 신발 끈을 질끈 동여매곤 한다. 목적은 개인에 따라 다를 수 있다. 이미 변해버린, 없어져버린 치즈를 위해, 바리게이트를 치고 짱돌을 날릴 수도 있고, 새로운 치즈를 찾기 위해 다시 모험을 떠날 수도 있다. 선택은 각자의 몫이다.

누가 내 치즈를 가져갔지? 내 치즈는 어디에 있을까? 우리는 어떤 질문을 선택하고, 어떻게 치즈를 찾아갈 것인가.

사회 혁신가들의 도전과 성취를 다룬 책 《누가 세상을 바꾸는가?》는 "지금은 불확실성과 더불어 살아가는 능력이 있는 사람에게는 호시절이다"라고 말한다. 예전의 좋았던 시절, 안정과 확실의 시대는 확실히 저물었다. 예전에는 콜럼버스와 같은 소수만이 호기심으로 미지의 땅을 찾아 나섰다. 하지만 지금은 마땅히 있어야 한다고 믿었던 오래된 '치즈'가 사라졌기에 이야기가 달라졌다. 지금의 시대는 우리에게는 호시절인가, 악몽인가? 스티브 잡스가 말했던 '바보짓을 두려워 말라. 항상 갈구하라(Stay foolish, Stay hungry)'에 하나를 더 추가해야 할 듯하다. '신발 끈을 항상 묶어 놔라(Stay tied).'

무엇을 준비할 것인가?

　내가 캠퍼스의 낭만을 누리려 했던 1990년대 후반은 한국 사회에 전반적인 그늘이 드리워진 시기였다. 나는 대학만 나오면 취직이 보장되었다는 선배들의 무용담을 들으면서 대학을 다닌 마지막 세대이다. 하지만 어느덧 자신의 꿈과 재능을 마음껏 펼쳐보기도 전에 많은 대학생들은 강제적인 사회 변화를 체험하게 되었다. 말 그대로 순식간에 '치즈'가 사라져버린 것이다. 내가 받았던 학부 졸업장에는 여전히 '이 졸업장이 있으면 당신이 꿈꾸던 사회생활이 가능하다'고 쓰여 있는 것 같았다. 혼란스러운 상황에서 난 졸업을 해야만 했고, 의도하진 않았지만 떠밀리듯, 옮겨진 '치즈'를 위해 신발 끈을 단단히 매야 했다.

사회가 변해간다는 사실은 곳곳에서 감지된다. 한국의 고도성장 시기라고 불리는 1970년대 후반에서 1980년대는 정년이 보장되고 일자리가 늘어 수많은 한국인들이 중산층으로 진입했던 시기로 기억된다. 그렇게 고속성장을 해오던 한국은 1997년 금융 위기 사태를 맞이하여 수많은 기업들이 역사 속으로 사라지고, 1999년에는 재계 서열 2위였던 대우그룹이 공중 분해되는 것을 목격하게 된다. 그렇게 구조 조정의 역사는, 아니 오래된 '치즈'의 실종은 시작되었다. 독일의 사회학자 울리히 벡은 《아름답고 새로운 노농세계》에서 "정상적인 상태로서의 정규 노동, 직업을 통한 안정 등은 이제 역사가 되어간다"라고 선포했다. 한국은 후발 주자로서 그 시기가 늦게 찾아왔을 뿐이다.

문제는 다수의 직장인과 취업 준비생들의 사고 체계가 예전의 '한국의 금빛 고도성장 시기'에서 멈추었다는 것이다. 정년 보장 직장에 대한 굳건한 신념과 더불어 조직에서 열심히 일을 하면 조직이 개인을 보호해줄 것이라고 믿는다. 그리고 그 믿음을 바탕으로 자신의 소비 수준을 확대하고, 차를 굴리며, 대출을 시작한다.

무엇이 어떻게 변한 것일까? 가장 큰 변화는 고령화 시대로의 진입이다. 한국인의 평균 수명은 2010년 현재 79.4세로 거의 80세에 육박한다. 이는 1970년의 평균 수명 63.2세와 비교했을 때, 약 15세나 증가된 수치다. 오래 산다는 것은 많은 사람의 희망 사항이다. 다만 문제는 이와 함께 정년퇴직 또는 명예퇴직의 시기는 오히려 앞당겨지고 있다는 데 있다.

《코끼리와 벼룩》에서 찰스 핸디는 자신이 1956년 신입사원 때의 일화를 들려준다. 회사의 연금관리자는 그에게 퇴직 후에 받게 될 연금기간을 '18개월'이라고 설명해주었다. 그 관리자는 "18개월이란 통계치는 거의 정확해요"라고 말했는데, 정년퇴직 후 사망하기까지의 기간이 '거의 정확하게' 평균 18개월 걸린다는 얘기였다. 찰스 핸디는 자신의 아버지도 은퇴한 지 20개월이 되었을 때 돌아가셨다고 덧붙이며, "사람들의 수명은 늘어나는데, 직장생활의 수명은 짧아지고 있다"고 분석한다.

평생직장은 없다

한국인은 통계상 평균 수명 80세에 퇴직 평균 연령은 53세이다. 우리에겐 18개월이 아니라 거의 30년에 해당하는 은퇴 후 삶이 남아 있는 것이다. 게다가 퇴직 평균 연령 통계는 실제 체감 현실보다는 훨씬 이상적인 느낌이다. 2009년 한 중앙 일간지가 1,075명을 대상으로 조사한 바에 따르면, 직장인이 생각하는 '자신의 평균 예상 정년'은 43.9세였다. 이는 2008년의 48.4세보다 4.5세가 더 줄어든 수치다. 더욱 기가 막힌 것은 조사 대상을 20대만 놓고 봤을 때 평균 퇴직 연령은 기록적으로 36세까지 내려갔다는 점이다. 과연 조사 대상자들이 불안한 감정을 토로한 것으로만 봐야 할까?

2009년 말에 한 금융 대기업은 구조 조정 대상에 '14년차 이상의 대졸 일반직군과 12년차 이상의 사무 전문직군'을 포함한다고 발표했다. 14년차라면, 25살에 대졸 신입사원으로 입사하여 현재

39세가 된 이들이다. 사무 전문직군의 경우, 고등학교 졸업 후 입사해 12년차 근무를 하고 이제 30대가 된 여직원까지 포함되어 있다. 직장인이 스스로 답변한 평균 예상 정년 43.9세가 근거 없는 이야기가 아니란 뜻이다.

퇴직 연령은 낮아지지만, 한국 청년이 생애 첫 직장에 들어가는 평균 연령은 갈수록 높아지는 것도 기이한 현상이다. 1년은 해외에서 어학연수를 하거나 교환학생으로 지내기도 하고, 등록금을 마련하기 위해 다시 1년은 아르바이트 활동을 하느라 늦춰진다. 그러다 보니 현재 첫 직장에 들어가는 평균 연령은 28세(여성은 25세)가 되고, 자연스럽게 평균 결혼 연령은 남성의 경우 31세, 여성은 28세가 된다. 그리고 채 20년도 되지 않아 명퇴의 반열에 올라가는데, 하필이면 이때는 아이들이 한창 고등학교 또는 대학교에 다니는 시기여서 가장 많은 교육비가 드는 때이다. 그러다 보니 출산율은 또 전 세계 최저인 1.2명으로 곤두박질친다. '국가의 자살'을 걱정하게 될 상황이다. 직장도 직장이지만, 살 집도 또 골칫거리다. 월급쟁이가 서울에 아파트 한 채를 마련하는 데 37.5년이 걸린다고 한다. 평균 취직 연령인 28세에 취직한다면, 66세가 되어야 '내 집'이 마련된다는 이야기다. 그런데 앞서 이야기했듯이 66세가 되기 10∼15년 전에 퇴직 걱정을 해야 한다.

다시 처음의 이야기로 돌아가 보자. 우리가 예전의 '치즈'만 하염없이 바라보며 살 경우, 평균적으로 다음과 같은 삶이 예상된다. 여자는 25세, 남자는 28세에 첫 직장을 잡는다. 운이 좋을 경우 정규직이 될 수 있고, 또한 운이 좋다면 약 3년 후에 결혼을 하게 된다. 내 집을 마련하기 위해 적금과 대출을 받지만 약 15년 후인 43세부터 명예퇴직 대상에 포함되게 된다. 자식을 위한 교육비 지출을 멈추고 싶지는 않지만, 평균 수명 80세까지 남은 약 35년의 은퇴 이후의 삶을 지탱해야 한다. 아, 그리고 아직 '내 집'의 꿈은 이루지 못했다. 과연 우리는 이렇게 살아야 할까? 다른 선택은 없을까?

나만의 보폭으로 걷자

"두려워서 뭐라도 해야겠어요." 후배들에게서 종종 듣는 말이다. "넌 하고 싶은 일이 뭐야?"라고 물으면 "잘 모르겠어요. 하지만 가만히 있으면 안 될 것 같아 스펙이라도 준비해보려고요"라는 답변도 듣기 쉽다.

《어린왕자》에 나오는 대화와 흡사하다. "사람들은 모두 서둘러 특급열차에 타지만, 이젠 자신이 무엇을 찾아 그리도 헤매고 있는지조차 알지 못한다." 스펙이라는 화려한 특급열차에 타긴 하지만, 어디로 가는지 잘 모르는 '묻지마 승차'가 대유행이다. 그나마 특급열차에 승차자격을 획득한 이들은 그래도 귀족이다. 노력해도 토익 성적이 안 나온다며 푸념하는 이들에겐 "어디로 갈 거야?"라는 질문 자체가 사치이고, 일단 특급열차에 타지 못한 것이 천추의 한이 될 뿐이다.

얼마 전 지하철을 타기 위해 이동하다가 비슷한 경험을 했다. 앞서 가던 사람들이 무슨 일인지 뛰기 시작했다. 그러더니 그 뒤에 걸어오던 사람들도 함께 뛰었다. 물론 나도 그중 하나였다. 지하철이 역내로 들어온 줄 알고서 급하게 계단을 뛰어 내려갔는데, 웬걸 지하철은 없었고 뛰었던 사람들만 다들 쑥스러운지 사방으로 흩어졌다. 마치 아프리카의 초식동물 톰슨 가젤과 비슷하다. 평온하게 있다가 갑자기 한두 마리가 특정한 방향으로 내달리면 나머지도 이유 불문하고 함께 뛰기 시작한다는 톰슨 가젤. 뚜렷한 방향이나 목표 없이 남이 뛰니깐 나도 뛰는 모습은 인간이나 동물이나 비슷하다.

우리는 왜 덩달아 뛰는 것일까?

독일군 장교가 집필해 제2차 세계대전 당시 미군의 군사교본으로 활용됐던 《전투 리더십》에서 그 실마리를 찾아보자. 병사들은 전쟁이라는 극한 상황에서 "가만히 머무를 때 두려움을 느낀다"라고 저자인 아돌프 본 스헬은 말한다. "따라서 총 소리가 날 때 참호에 그냥 있으라고 한다면 사병들은 겁을 먹는다." 참호 위로 총알이 빗발치더라도 밖을 내다보기 위해 머리를 들거나, 전방으로든 후방으로든 움직여 보려는 이유에 대해 "무엇이라도 할 때에야 스스로 운명을 개척하고 통제한다는 생각이 들기 때문"이라고 지적한다.

사실 한국 사회에서 살다보면 일생 동안 다양한 전투를 경험해야 한다. 중고등학생들은 대입 전투를 치르고 있고, 대학생들은 스펙 전투에 매달려 있다. 직장인들이라고 전투가 끝난 것은 아니다. 더 무시무시한 생존 전투가 남아 있다. 예전에는 직장인들의 갈망이었던 '임원 승진'이나 '고속 승진'도 생존 전투의 승리를 위해 전략적으로 기피하는 요즘이다.

초등학생은 예외겠지 했지만, 그것도 아니었다. 얼마 전 만난 초등학생의 하루를 들어 보니, 1980년대에 국민학교를 다녔던 내 삶이 새삼 행복하게 느껴졌다. 그러고 보니 국민학교에서 초등학교로 바뀐 것도 중고등학교의 '중고등' 대입 전투의 전초전인 '초등' 대입 전투로 편입하기 위해 이루어진 것은 아닐까 생각해 본다.

신생아들은 영재 교육 전투, 은퇴하신 어르신들은 손자손녀 보육 전투와 늘어난 평균 수명을 살아야 하는 '생존 전투 시즌 2'에 돌입한다. 이렇게 한국인은 평생에 걸쳐 긴박한 전투의 연속을 경험한다.

연세대 김호기 교수는 이런 긴박한 생존 환경이 "사람들을 불안감에 빠트리고 끊임없이 무언가를 찾게 만든다"라고 설명한다. 그 '무언가'는 그야말로 '무언가'일 뿐, 자신을 손쉽게 계량화할 수 있는 스펙이라도 찾기 위해 덤벼든다. 그리고 '내 운명은 내가 통제한다'라는 느낌을 선물로 되받는다.

상위 1퍼센트? 연봉 1억 원?

이런 현상은 '내가 진정 원하는 것이 무엇이지?'라는 질문에 답변을 할 수 없기 때문에 발생한다. 이런 질문은 '예' 또는 '아니오'로 답할 수 없고, 사지선다형이나 0~100퍼센트의 수치로 답변하는 정량적 답변(Quantitative Answer)으로 해결할 수 없다. "나는 어떤 사람이 되고 싶지?"와 같은 질문에는 나만의 주관식이라 할 수 있는 정성적 답변(Qualitative Answer)이 나와야 하는데, 그게 어렵다.

그럴 경우 우리가 손쉽게 택하는 차선의 방법이 두 가지다. 첫 번째 방법은 아예 수치나 계량화가 가능한 정량적 접근으로 답변하는 것이다. '연봉 1억 인생'이라든지 '상위 1퍼센트' 같은 목표는 얼마나 매력적인가! 두 번째는 답변을 회피하지만, 그렇다고 가만히 있자니 두려워서 '남이 하는 평균' 정도만 하는 것이다. 첫 번째 방법도 나름대로 하나의 삶의 양식이니 가치판단을 내리진 않겠다. 문제는 차선의 두 가지 방법 중 '답변 회피 후 주위 관망'의 방법이 차라리 '연봉 1억'과 같은 뚜렷한 목표를 세우는 첫 번째 방법보다 더 불행해질 요소가 많다는 점이다.

'연봉 1억'으로 자신의 삶의 행복을 계량화했어도, 뚜렷한 목표가 있기에 그의 삶은 자신이 상상하는 만큼 '행복하다'고 느낄 가능성이 높다. 하지만 '뭐라도 해야지' 하면서 남들이 평균적으로 하는 것을 따라가려는 사람들은 '상상 속의 행복'도 찾기 어렵다. 톰슨 가젤처럼 조용히 풀을 뜯어먹다가도 무리를 따라 무작정 뛰어야 하기 때문이다. 옆 사람이 뛰니까 같이 뛰고, 그 사람이 더 속도를 내니까 '어라?' 하면서 자신도 속도를 더 낸다.

어디로 가는지, 무엇이 목표인지 정하지 않고 '가만히 있기에 뭐해서', '두려움을 없애기 위해 뭐라도 해야 하니까' 라는 접근은 위험하다. 그렇게 될 경우 정말 사소한 것에서조차 경쟁을 하게 되고, 인생은 점차 활력을 잃고 무의미해진다. 지하철에서든, 보도블록에서든 자신만의 보폭으로 걷자. 내가 선택하지 않으면 이 사회가 '보폭'을 지정해 줄 것이다.

선택은 온전히 나의 몫이다

 선택이란 누구에게나 힘들다. 중국집에서 자장면과 짬뽕을 고르는 것도 힘들고, 학점이 잘 나오는 수업을 선택하는 것도 힘들다. 학부 시절 부전공을 신청하는 날을 하루 앞두고, '이 부전공이 혹시 잘못된 선택이면 어떻게 하지?'란 고민에 밤잠을 설친 기억도 있다. 하물며 자신의 삶의 방향과 내가 정말로 원하는 것이 무엇인지 선택하기란 얼마나 외롭고 어려운 일인가. 그렇다고 막연히 선택을 유보하는 것도 좋은 방법은 아니다. 선택을 하지 않는 자에게 시간은 '내 편'이 아니기 때문이다.

 "당신은 당신이 해야 할 일을 당신보다 더 잘 알고 있다고 판단하는 사람들을 늘 만나게 될 것이다." 미국의 시인이자 사상가인

랄프 왈도 에머슨의 말이다. 이들은 어떤 사람들일까? 많이 고민할 필요는 없다. 이들은 다음과 같은 비슷한 말을 하는 사람들이다. "정년이 보장되는 공무원이 최고지! 넌 꼭 고시 패스해라. 인생 무시당하지 말고. 적성 고민할 때가 아니야. 의대라니깐. 너 미쳤어? 입에 풀칠 어떻게 하려고? 눈 딱 감고 결혼해. 결국엔 돈이야 돈! 지금 아이가 문제야? 다음 달 할부금은 누가 내라고?"

선택의 두려움을 기꺼이 받아들여라

선택은 내 몫이고, 그 결과에 책임을 지는 것도 내 몫이다. 선택에 두려움이 있는 것은 당연한 일이다. 그리고 기꺼이 받아들여야 할 순리이다. 완전한 자유는 두려움을 포함하기 때문이다. 운전을 하다 보면 사고가 날 확률이 항상 존재한다. 그렇다고 내가 운전석에 앉지 않고 다른 이에게 대신 운전을 시킨다거나, 대중교통을 이용한다 하더라도 사고 위험이 없어지는 것은 아니다. 인생도 마찬가지다. 내가 선택하기 어렵다고 다른 사람이 선택하도록 맡기거나 그들의 조언을 듣는다고, 두려움이 사라지거나 '후회 없는 결정'을 하게 되는 것은 아니다. 내 선택에 혹시라도 실수가 있거나 실패가 있을까봐 두려운 것이다.

우석훈 교수는 《혁명은 이렇게 조용히》란 책에서 청년들에게 실수나 실패 앞에서 제발 '쫄지 마라'라고 당부한다. "지금 대학생들은 한 과목에서 F만 나와도 자신이 인생 낙오자, 사소한 실수로도 취업에 실패할 수 있으며, 정말로 의미 없는 삶을 살게 되리라 두려워하는 것 같다." 스펙 만능주의에 따르면 'F'는 학점 관리에서 사형 선고와 같은 일이니 그럴 만하다.

학점이야 실패가 있다 해도 인생에서는 성공인지 실패인지를 가르기가 어렵다. 잠시 소설이나 영화로 눈을 돌려보자. 어떤 스토리가 특히 감동적이었나? 성공한 스토리만 찾아가는가? 우리는 때론 실패한 사람들을 통해서도, 이루지 못한 도전을 통해서도 감동과 교훈을 받는다. 1911년, 인류 최초로 남극점을 밟은 사람은 노르웨이 출신의 아문센이었다. 아문센과 같은 시기에 남극 탐험에 나섰던 영국의 스콧은 아문센보다 한 달 정도 늦게 남극점에 도달했다. 스콧은 귀환 과정에서 살아 돌아오지 못했지만, 그가 남긴 일기, 그리고 아문센 팀과 벌였던 흥미진진한 스토리는 지금까지도 유명하다.

남극 탐험사와 관련된 또 다른 유명한 스토리의 장본인은 어니스트 섀클턴이다. 그는 세 번째 남극 탐험에 범선을 타고 나섰다가 빙벽에 634일 동안 갇혔지만, 27명의 모든 대원을 이끌고 무사히 귀환했다. '위대한 항해'라 이름 붙여진, 하지만 성공하지 못한 항해는 그를 위대한 리더의 반열에 올려놓았다.

이들의 공통점은 자발적으로 자신이 원하는 것을 선택했다는 점이다. 만약 자신이 원하지도 않았으면서 남극 탐험이 유행이라고 해서 따라나섰다가 얼어 죽은 사람이 있다면 그 사람의 인생은 어떤 의미가 있을까? 내가 선택하지 않고, 남의 말을 따라가다가 등 떠밀려 만나게 되는 실패는 아무도 기억하지 않는다. 그나마 등 떠밀려가다가 '성공'했다면 '소가 뒷걸음치다가 쥐를 잡은' 희귀한 사례로 케이스 스터디에 포함시키면 된다. 하지만 자신이 선택권을 행사하지 않고, 다른 이의 견해에 '따라' 살아가다가 실패했다고 느끼는 사람의 인생은 얼마나 불행한가.

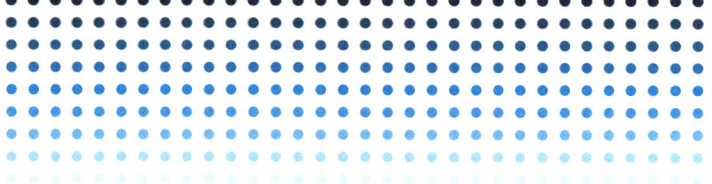

주변의 메시지를 의심하라

　성취란 '스스로 움직이게 만드는 힘' 즉 자유 의지(free will)가 있을 때 가능하다. 이는 힘든 직장이더라도, 월급이 적더라도 '자신이 원하는 일을 스스로 찾아서 하는 것'을 뜻한다. 스스로를 소셜 디자이너라 부르는 박원순 변호사는 "자유 의지란 삶의 중심을 자신에게 두고 자신의 순수 의지로 무엇인가 긍정적인 결과를 성취해 내는 마음의 힘"이라고 정의한다. "삶을 살아가면서 남의 강요나 유혹에 의해서가 아닌, 자신이 진정으로 원해서 자발적으로 일을 해 본 적이 얼마나 있는가?"라는 그의 물음에 대해 우리는 곰곰이 생각해보아야 한다.

　자유 의지가 없는 사람을 에리히 프롬은 '소외된 인간'이라 정의하며, 그 특징은 "자기가 자신의 세계의 중심이고 자신이 하는 행동의 창조자임을 느끼지 못하는 것"이라 지적한다. 그 결과 "인간은 표준화되어 쉽게 외부의 영향을 받아 기대를 갖게" 된다. 자신만의 선택, 자유 의지를 갖기 위해서는 그가 경고했듯이 '외부의 영향'을 경계해야 한다.

특히 미디어를 통해 우리에게 전달되는 메시지는 강력하다. 그것들은 너무나 손쉽게 우리들 생각의 안방을 차지한다. '당신이 사는 곳이 당신을 말해줍니다'라는 모 건설업체의 광고 문구는 어떠한가? 이런 메시지를 한 번 두 번 듣다 보면 그 메시지대로 '화장실이 두 개가 있는 아파트'를 장만하기 위해 자신의 생을 불사르기도 한다. 한 다국적기업의 CEO는 이런 말을 했다. "TV만 있으면 인종이나 문화나 자라온 배경과는 전혀 상관없이 언젠가는 모두가 비슷한 것들을 원하고 필요로 하게 된다."

주변의 메시지를 의심해보라. 내가 직접 선택한 것만이 스토리로 남는다.

다수가 선택한 길이라고 안전하란 법은 없다

친구들과 여행을 가서 낯선 여행지의 음식점에 가보면 친구들의 특성이 그대로 드러난다. 어떤 친구는 그 지역의 별미가 뭐냐고 물으며 맛과 상관없이 다짜고짜 주문한다. 누구는 메뉴 중에서도 자신이 먹어봤던 것, 가장 무난한 것을 택한다. 음식점도 이런 사람들을 위해 가장 기본적인 메뉴인 김치찌개나 된장찌개, 백반 메뉴를 갖추는 경우가 많다. 김치찌개를 선택한 사람의 생각은 이렇다. '그 지역만의 고유한 맛도 궁금하지만, 그렇다고 식사까지 망칠 정도로 궁금하진 않다. 따라서 안전하게 먹어본 것을 먹겠다.'

이렇듯 선택의 실패율을 낮추기 위해 흔히 사용하는 방법은 이미 익숙한 것 또는 다수가 택한 것을 따라가는 것이다. 사실 나도 음식에 관해서는 먹어본 것만 먹는 스타일이다. 음식이야 그렇다 해도 내가 이런 방식을 인생이라는 소중하고 특별한 기회를 가꾸어나가는 데 적용한다면 어떨까? 조금은 씁쓸하다. 인문계 졸업생 '나도요'란 가상의 캐릭터가 쓴 일기를 살짝 엿보자.

어떤 직장에 들어가야 할까 고민이 많은데 오늘 아침 신문기사를 보다 번뜩 아이디어가 떠올랐다. 한국교육개발연구원이 펴낸 〈2009년 교육통계분석자료집〉에 따르면 4년제 대학 졸업생 중에서 인문계열 전공자의 직업 1위는 학원 강사라는 것이다. 학원 강사라, 한 번도 생각해보지 못했지만 인문계 전공자들에게 인기가 1위인 직업이라니 뭔가 비전이 있고 혜택이 많아서 그러겠지? 그런데 요즘 주변에서 고시를 준비하는 친구들이 더욱 많아져서 심난하다. 2년 전 조기 졸업으로 멋지게 한 기업에 취직했던 예전 여자친구도 며칠 전부터 도서관에서 눈에 띈다. 무슨 일인지 멀리서 지켜보니 통계, 행정 등의 문제집을 푸는 것 같았다.
나도 결국 고시를 봐야 하는 걸까? 그나저나 이번 금요일까지 교수님에게 답변을 드려야 하는데 고민이다. 교수님은 앞으로 시대는 '콘텐츠의 시대'라며 내가 원한다면 교비 지원 과정으로 중국의 한 대학교에 파견되는 문화 스토리텔링 연구원에 추천해주겠다고 하셨다. 스토리텔링? 콘텐츠? 낯선 주제이기도 하고, 중국이라는 곳에 가는 것도 걱정이 된다. 중국어도 못하는데 배운다고 잘하리란 보장도 없고, 한국을 1년간 떠나 있으면 취직이 더 안 될 수도 있다. 그래, 결심했다! 요즘 대세라는 학원 강사로 지원해보자. 하다가 잘 안 되면 고시 준비하면 되겠지. 공무원 시험을 1년간 준비해봤으니 아무래도 고시 준비가 남들보다는 수월할 것이다.

실제로 4년제 대학 졸업자 중 인문계 자연계를 막론하고 가장 많이 취업하는 계통은 2009년 기준으로 사교육시장이다. '나도요'는 다수가 택한 길이라면 뭔가 특별한 이유가 있겠지 생각하며, 학원 강사에 도전하려 한다. 학원 강사가 잘못된 선택은 아니다. 잘못된 것은 '나도요'가 선택의 기준으로 고려한 '직업 1위'라는 통계적 사실이다. 또한 그는 어쩌면 인문계 졸업자로서 자신에게 기회가 될 수도 있는 중국에서의 연구원 기회를 스스로 차버린다. 새로운 언어를 익히는 것도 자신이 없고, 괜히 외국에서 1년동안 체류했다가 '잃어버린 스펙 1년'이 될지 두렵기 때문이다. 학원 강사로 취업이 잘 안 돼도 그는 여전히 믿는 구석이 있다. 공무원 시험을 1년간 준비해본 전력이 있으므로 고시야 다른 사람보다 준비가 익숙할 것이기 때문이다. '나도요'의 이런 선택을 당신은 지지하는가?

많은 사람들은 주류 또는 비주류란 말을 사용한다. 대학교 재학생으로서 주류는 채용 시장에서 몸값을 올리기 위해 스펙을 쌓는 사람들이다. 대학의 지성이니 교양이니 타령을 하면서 여러 활동에 참여하는 친구들은 비주류다. 직장을 선택하는 데에서도 주류와 비주류가 갈린다. 주류는 연봉과 복지 후생, 명성을 중요시한다. 비주류는 수업시간에나 언급되는 '자아 실현'이란 단어를 운운하며 배고픈 탐색을 시작한다. 때로는 도식적으로 대기업 취직은 주류, 비영리단체나 기타 중소기업 취직은 비주류로 인식되기도 한다.

사실 주류와 비주류, 어느 쪽을 선택할지는 개인의 선택 사항이다. 하지만 선택의 기준이 자신의 가슴 깊은 곳에서의 고민이 아니라, 단지 '주류'가 무엇인지에 의해 결정된다면, 문제는 심각하다.

관성의 힘을 거슬러라

물론 주류의 선택을 돌이키는 결정은 결코 쉽지가 않다. 주위의 기대를 저버리고 싶지 않기 때문이기도 하고, 일단 자신이 가져왔던 신념 자체를 바꾸기가 쉽지 않기 때문이기도 하다. 자신의 신념을 바꾸는 것은 종종 삶의 토대를 부정하는 것과 같을 때가 있다. 따라서 자신의 신념과 배치되는 객관적인 증거와 주관적인 느낌이 있다고 하더라도 그것을 수용하기보다는 기존의 신념에 더욱 매달리게 된다.

또한 이미 선택한 삶을 통해 증폭된 '관성의 힘'을 거스르기란 쉽지 않다. 직장에 들어가 보면 더 뼈저리게 이해된다. 매달 정해진 날에 월급이 척척 들어온다. 그렇게 친하지 않은 친구에게서 신기하게도 연락이 와서 마지못해 보험을 든다. 연금은 물론 해외 주식형 펀드도 든다. 차량도 구입하고, 집 전세금, 각종 대출금을 챙기면서 품위 유지까지 하다 보면 기본적으로 직장인의 고정 지출은 월급을 비웃는다. 결혼을 하게 되고, 아이라도 갖게 되면 지출은 더욱 늘어난다. 바로 이 고정 지출이 일반적인 한국 직장인들에게는 거스르기 힘든 '관성의 힘'이 된다. 인생의 목적이 꼬박꼬박 보험금을 내고 대출금을 갚아나가는 것인지 헷갈리게 된다. 그런 상황에서 내 선택에 대한 회의를 품어 새로운 도전을 위해 새로운 선택을 할 수 있는 사람은 '천연기념물'이다.

경제학에서는 이를 '매몰비용(sunk cost)의 함정'이라 일컫는다. 사람들은 이미 지불된 비용이 있기에 그것이 아까워서라도 본전을 뽑으려 한다는 것이다. 매몰비용의 함정은 우리 일상에서 비일비재하다. 돈을 지불하고 들어간 극장에서, 영화가 정말 재미없지만 본전이 아까워 영화관을 나서지 못한다. 하지만 명심해야 할 것이 있다. 이때 시간이라는 기회비용이 날아가고 있다. 한 번 흘러가면 다시는 돌아오지 않는 소중한 시간이 사라져버리는 것이다. 인생 역시 마찬가지 아닐까? 워런 버핏은 "당신이 구덩이에 빠져 있음을 어느 순간 깨달았을 때 할 수 있는 최선의 일은 구덩이를 파내려가던 삽질을 멈추는 것이다"라고 말했다. 관성의 힘을 물리쳐야 한다.

당신이 선택한 길이 더 안전하다

동기 부여가 지그 지글러는 세계적 베스트셀러 《시도하지 않으면 아무것도 할 수 없다》에서 북극에 사는 에스키모 인들이 어떻게 늑대를 잡는지를 생생하게 묘사한다. 에스키모 인들은 면도칼처럼 날카로운 칼에 늑대가 좋아하는 피를 흠뻑 묻힌 후에 그 칼을 열린다. 땅에 손잡이를 박아 놓고 칼날이 위쪽을 향하게 놓으면 피 냄새를 맡은 늑대들이 달려와 칼날을 핥는다는 것이다. 어느새 얼음이 녹으면서 늑대의 혀는 날카로운 칼에까지 이르게 된다. 하지만 늑대의 혀는 얼어서 무감각해진 상태이기에 먹고 있는 피가 자신의 피인지도 모르고 더욱 정신없이 핥게 된다. 죽게 될 때까지 말이다.

"그래도 많은 사람들이 선택했는데, 이유가 있겠지. 그래도 이게 더 안전하지 않을까?" 하고 생각할지도 모른다. 대부분의 사람들이 그렇게 선택한다. 그런데 많은 사람이 가기 때문에 안전하다는 것은 어떤 근거일까? 아우슈비츠 수용소의 악명 높은 현장에서도 대다수의 주류로 '선택' 된 사람들이 간 곳은 가스실이었고, 극소수만이 '열외' 되어 생명을 부지했다. 시인 프루스트는 "숲 속으로 난 두 갈래 길 중 나는 사람들이 가지 않은 길을 택하였고, 그것 때문에 내 모든 운명이 달라졌다"라고 노래한다.

치즈가 사라졌다. 상황은 달라졌다. 치즈를 찾아 나서는 길이 곧 생존의 길이다. 스스로 살 길을 선택하라. 자신이 선택한 길이 더 안전하다.

어디에서 일하는가보다 어떤 사람인가가 중요하다

《상식 밖의 경제학》의 저자인 행동경제학자 댄 애리얼리 교수는, 인간은 이성적이지 않으며 비합리적인 존재라고 규정한다. 이런 비합리성은 우리가 하는 일을 선택하거나 직장을 구할 때 종종 드러난다. 그는 2009년 서울디지털포럼 때 이스라엘에서 발생한 폭발 사건으로 심한 화상을 입고 3년간 입원했던 경험을 들려주었다. 그에게 가장 고통스런 일은 화상 부위를 감싸고 있던 붕대를 주기적으로 가는 순간이었다고 한다.

붕대를 천천히 제거하는 게 좋은가? 아니면 강도가 세더라도 짧은 순간에 붕대를 확 떼어버릴 것인가? 간호사들은 발끝에서 머리 방향으로 천천히 붕대를 떼어내는 방식을 고집했다고 한다.

3년간의 고통으로 그는 다양한 방법으로 스스로를 임상 실험했고, 결론을 내렸다. "높은 강도에서 시작해서 낮은 강도로 끝나는 고통이 그 반대의 경우보다 덜 고통스럽다." 즉 고통이든 불안함이든 처음에 감내하는 것이 덜 고통스런 '합리적인 선택'이란 뜻이다.

안정과 안정, 그러나 비합리적인 선택

우리는 종종 '비합리적'으로 지금 당장 행복하기 위해 불안과 고통은 최대한 뒤로 미룬다. 하지만 최악의 경우는, 안타깝게도 지금의 행복도 누리지 못하고, 나중에 불안과 고통까지 더 많이 감내해야 할 선택을 우리가 한다는 점이다.

직장이나 삶의 방향을 선택할 때, 이런 최악의 비합리적인 선택이 종종 이루어진다. 초기의 안전과 안정을 중요하게 생각하다 보면 그런 결정을 내리기 쉽다. 이제 곧 직장을 구해야 할 대학 졸업생들이 주로 지원하는 회사는 내가 들어가고 싶은 곳보다는 '가장 혜택을 많이 주는 곳'이 된다. 왜 그럴까? 그래야지 처음부터 안정적으로 인생을 깔끔하게 살아갈 수 있을 것만 같기 때문이다.

문제는 이런 직장은 나 말고도 호시탐탐 노리는 친구들이 많다는 점이다. 그렇게 스펙 경쟁은 시작된다. 경쟁률은 초등학생과 프로구단 농구팀의 시합 점수처럼 말이 안 되게 높다. 다시 1년, 2년 재수가 시작될 확률이 높다. 그러다가 다시 조급해지면서 지원서를 '가장 혜택을 많이 주는 곳'에서 '비교적 괜찮은 곳'으로 바꾸고, 급기야는 '어디든 합격 안정권'으로 빠지게 된다. '좋은 곳'에 들어가려고 1~2년 또는 그 이상을 소비하다가 결국은 내가 원치 않았던 곳에 들어가게 된다. 그런 경우 십중팔구 오래 견디지 못한다. 내가 선택해서 들어간 곳이 아니라 어쩔 수 없이 들어간 곳이기 때문이다. 결국 금방 이직하거나 '그래서 사람들이 고시밖에 없다고 하는구나'라며 다시 도서관으로 향한다.

이런 사람들은 회사에 남는다 하더라도 큰 성과를 내기 어렵다. 자신의 자발적인 선택이나 목표가 아니었기 때문에 열정을 만들기가 쉽지 않다. 갈수록 시간은 이런 사람의 편이 아니다. 시간이 갈수록 나보다 더 뛰어난 후배들이 치고 나온다. 스펙의 천적은 시간이다. 초반에 안정을 잡으려는 비합리적인 선택을 했기에, 시간이 갈수록 미뤄졌던 '고통'이 점점 크게 다가온다.

내가 원하는 곳을 두드려라

초기의 안정과 안전을 우선시하면 절대로 '내가 원하는 곳'에 지원하거나 자신의 꿈대로 살아가기 어렵다. 차라리 초기에, 깔끔한 안정성을 주지 못하고 혜택은 떨어지지만 '내가 그래도 관심이 있는 곳'에 들어간다고 생각해보자. 그곳에서 열과 성을 다해 일하다 보면 시간은 반대로 내 편이 된다. 3년을 머무르면 3년이 고스란히 자신의 직장 경력으로 확보된다. 이런 경력은 내가 원하는, 더 좋은 조건의 직장으로 옮길 수 있는 강력한 무기가 된다.

처음부터 한번에 '가장 좋은 곳'에 들어가려 노력했던 이들은 이런 3년 동안 얻는 게 별로 없다. 그동안 자격증도 몇 개 더 따서 스펙이야 올라갔겠지만, 다시 한 번 말하고 싶다. 이런 풍성한 스펙의 의미를 무력화시키는 것은 자신이 그만큼 나이를 먹는다는 것이다. 사실 스펙은 일단 입사를 하게 되면 별 의미가 없어진다. '작은 업체의 3년 경력자' 와 '스펙 10종 세트를 완비한 무경력 졸업반' 의 차이는 크다. 헤비급과 라이트급이 대결하듯 게임이 안 된다. 더구나 3년간 열심히 일한 그 사람에게는 그곳에서의 자신의 노력과 도전에 따라 자연히 독특한 경험과 역량, 즉 스토리가 생겨난다.

사회 진출 방식은 세 가지 정도로 구별이 가능하다. 처음부터 안정적인 것을 추구하다가, 결국 그것도 얻지 못하고 더욱 원하지 않는 불안정한 상태로 끝나버리는 사람, 안정적인 것을 추구하다가 다행히 그것은 얻었지만 안정적인 '온실 직장' 에서의 삶을 통해 생존력을 잃어버린 사람, 그리고 처음엔 불안정하고 불확실하지만 갈수록 자신의 잠재력을 개발하여 오히려 전문적 안정성을 구축해가는 사람이다.

화물을 정리하는 아르바이트로 시작해서 인정을 받아 외국계 회사의 한국 지사장까지 된 사람을 나는 알고 있다. 그에겐 아르바이트라는 초기의 불안한 시작이 마음에 걸렸겠지만, 자신의 재능과 잠재력을 믿었기에 오히려 이런 불확실한 구도가 더욱 확실한 기회가 되었을 것이다. 그가 그 외국계 회사에 일반 직원으로 지원했더라면 한국 지사장은 커녕 입사하는 것도 쉽지 않았을 것이다.

조삼모사와 마시멜로우

'조삼모사(朝三暮四)'란 사자성어는 춘추전국시대 송나라의 저공에 관한 이야기다. 저공에게는 여러 마리의 원숭이가 있었는데 먹이가 부족해지자 "앞으로는 도토리를 아침에 3개, 저녁에 4개씩 주겠다"고 원숭이들에게 제안한다. 그러자 원숭이들은 아침에 3개를 가지고는 배가 고플 수밖에 없다며 화를 낸다. 그러자 저공이 "그렇다면 아침에 4개를 주고 저녁에 3개를 주겠다"라고 하니 원숭이들이 좋아했다는 이야기다.

이 이야기는 지금 당장 누리는 만족감에 기뻐하는 것이 얼마나 어리석은지 비유적으로 일갈한다. 하루에 받을 도토리의 수는 동일하지만, 초반에 더 많이 받느냐 더 적게 받느냐가 원숭이들에게는 초미의 관심사가 된 것이다. 과거에는 정해진 7개의 도토리에서 처음에 몇 개를 받든, 나중에 몇 개를 받든 별 차이가 없었다. 하지만 현대 사회에서는 이런 선택도 큰 차이를 보일 수 있다. 조삼모사의 현대적 판본이라 할 수 있는 '마시멜로우 실험' 결과를 살펴보자.

미국 스탠퍼드대 미셸 박사는 4세 아동을 대상으로 실험을 했다. 아이들에게 마시멜로우 봉지를 하나씩 나누어 주면서 미셸 박사는 이렇게 말했다. "이것을 당장 먹어도 좋아. 그런데 내가 나갔다가 돌아올 때까지 먹지 않고 있으면 한 봉지씩 더 줄게." 아이들은 두 부류로 확연히 나뉘었는데, 15년 후 이들을 추적 조사해 본 결과, 먹고 싶은 욕구를 잘 참아내 마시멜로우 봉지를 하나 더 받았던 아이들은 대부분 학교나 가정에서 리더십과 적극성을 갖춘 '리더'가 되었다고 한다.

마시멜로우 실험은 지금 당장 만족을 느끼지 못하더라도 자신이 진정 원하는 것을 위해 초반의 불만족을 감내한다면 훗날 더 큰 보람을 얻을 수 있음을 보여준다. 초반에 마시멜로우를 먹는 것을 참은 이들에게 '한 봉지'가 더 주어졌던 것처럼, 졸업하자마자 '깔끔한 인생대박 신화'를 유보하고서 우선 내가 일할 수 있는 곳에서 경력을 쌓는 사람에게 사회는 '경력 한 봉지'를 더해준다. 낭중지추(囊中之錐)라! 능력 있는 사람은 어떤 회사에 있어도 결국은 자신의 존재를 드러낼 것이다. 당신이 어디에서 일하는지가 아니라, 당신이 무슨 일을 하는지가 중요하다. 당신의 소속이 아니라 당신이 어떤 사람인가가 중요하다.

때로는 길을
벗어나도 좋다

학부를 졸업하고 나만의 무지개를 찾아 떠났던 중국에서 3개월이 지났을 무렵 '중증급성호흡기증후군' 쉽게 말해 '사스'가 터져 학교 수업이 전면 중단되었던 적이 있다. 한국인 유학생들의 90퍼센트 이상이 귀국했다. "난 참 운도 없다"란 생각이 들었다. 매일같이 어서 귀국하라는 성화를 들으면서 나는 두 명의 후배들과 함께 실크로드 여행을 떠났다. 나를 돌봐주던 선생님께 '안전은 내 책임이다'라는 각서를 제출하고서야 사스 때문에 조용해진 중국의 서쪽 변경, 신장위구르 지역으로 향할 수 있었다.

'유목민식 여행'이라 이름 붙인 우리의 여행은 특이했다. 목적지 없이 실크로드를 경험한다는 목표만 정해놓고 길에 오른 것이다. 일정은 일부러 짜지 않았다. 시작과 끝만, 그리고 기간만 정해 놓고 나머지 스케줄은 그때그때의 상황에 맞추기로 했다. 그리고 그렇게 불확실하게 떠난 여행에서 우린 실크로드의 진면목을 경험하게 되었다.

우리는 〈론리 플래닛〉에도 거의 정보가 없는 '샤처'란 곳에 머물며 현지인의 집에 숙박하기도 했다. 아라비안나이트 분위기가 풍기는 신기한 휘장이 기억에 남던 사랑방에서 우리는 푸짐한 음식을 대접 받으며 소수 민족으로의 서글픈 그들의 삶을 경청할 수 있었다.

또한 진짜 유목민을 만나야겠다며 세계 4대 초원인 나리타 대초원에 들어섰을 땐 이미 관광용 '가짜 유목민'만 가득한 것을 보고, 인근의 무명 초원으로 이동했다. 바퀴 달린 캐리어를 초원의 잡목과 개울을 가로질러 힘겹게 이끌면서 들어갔던 초원에서 우리는 진짜 유목민을 만날 수 있었다. 화덕을 파고 '난'이라는 빵을 굽던 이들에게 우리는 "하룻밤 신세를 질 수 있을까요?"란 무모한 요청을 했다. 여행책자를 가지고 있었다면, 미리 잘 구성된 여행계획을 가지고 있었다면 이런 무모한 시도와 놀라운 경험을 할 수 있었을까? 그들은 우리에게 그들의 안방 천막인 '게르'를 내주고, 자신들은 옆에 있던 조그만 창고 천막으로 물러났다. '그럴 수 없다'며 펄쩍 뛰던 우리에게 그들은 '이게 우리의 손님 접대 방식이다'라고 답했다. 게르 안에는 이부자리와 간단한 살림살이만 있었다.

유목민에게 배우기

실크로드 여행은 당시 졸업을 했거나 앞두고 있었던 세 명의 청년에게 깊은 인상을 주었다. 실크로드란 어떤 특정한 '길'이라고 생각했던 우리는 일단 여행을 시작하자마자 정해진 '길', 포장된 '길'에 대한 고집을 버려야 했다. 실크로드의 길은 산을 빗겨가다가 뛰어넘기도 했고, 호수를 만나면 둘러가다가 초원에서는 가로지르기도 했다. '들어가면 나올 수 없는 땅'이라는 타클라마칸 사막을 24시간 동안 횡단하는 버스 안에서는 사막 모래에 도로가 사라졌다가, 어느새 다시 도로가 나타나는 신비도 목격했다. 초원에는 길이라는 게 없었다. 내가 걸어가는 방향이 곧 길이 될 뿐이었다.

또한 유목민들은 언제든지 이동할 수 있을 만큼 '일상생활의 무게'를 조절하며 살고 있었다. 그들에게 중요한 것은 가축이었다. 계절에 따라 가축이 먹을 초목이 풍부한 초원으로 이동했다. 가축이 선사하는 고기와 우유, 가죽이 이들의 생필품이었다. 가축을 잘 기르기 위해 이들은 불요불급한 것들을 쌓아두거나 집착하지 않았다. 그래야지 날씨가 추워졌을 때, 떠나야 할 때, 쉽게 이동할 수 있기 때문이다.

그들의 생활방식과 사고법이야말로 바로 불확실한, 변화가 너무 많은 현재를 살아갈 수 있는 생존법이기도 하다. 삶의 방식이 단순해질 수 있는 것은 자신이 무엇을 위해 사는지 명확한 목표가 있는 사람에게나 가능할 것이다. 톨스토이 또한 "참으로 중요한 일에 종사하고 있는 사람은 그 생활이 단순하다. 그들은 쓸데없는 일에 마음을 쓸 겨를이 없기 때문이다"라고 말한다.

참으로 중요한 일에 집중해라.
삶이 너무 편하면, 이동이 불편해진다.
생존을 위해 삶을 간소화하라.
그래야 이동할 수 있다.

유목민이 우리에게 전하는 메시지다.

그 무엇도 보장하지 않는 원금 보장형 인생

고전 평론가 고미숙의 책《아무도 기획하지 않은 자유》는 '도시의 중산층으로 편입되지 않고도 행복할 수 있는 해법'으로 '노마드' 즉 유목인의 삶을 제시한다. "노마드란 이곳저곳을 떠돌아다니는 유랑민이나 이주민이 아니다. 어떤 불모의 땅에서도 찰거머리처럼 들러붙어 새로운 삶과 관계를 구성할 수 있는 능동적 주체들이다. 초원이나 스텝을 찾아 떠나는 것이 아니라, 자기가 선 자리를 초원으로, 스텝으로 만드는 이들이다." 그러기 위해서 그는 강조한다. "비울 수 있는 자만이 새로운 삶을 구성할 수 있다."

서울대학교의 장덕진 교수는《위기의 청년세대 : 출구를 찾다》에서, 주어진 길로만 가려는 안정 지향적인 청년들을 '원금 보장형 인생'으로 부른다. 눈앞에 탄탄대로가 주어졌는데 굳이 엉뚱한 길로 접어들어 혹시라도 잘못될까봐 남이 주로 가는 길을 선택해 지극히 안정적으로 가는 삶이 바로 '원금 보장형'이란 것이다.

주식형 펀드야 2년이든 10년이든 최소한 원금 보장을 하면 다시 투자할 수 있지만, 인생의 관점에서 10년 후 '보장'이란 아무런 의미가 없다. 인생은 단 한 번뿐이다. 지금도 재미없고 단조로운 삶인데, 그 삶을 10년 후에도 '보장' 받는다면 그 삶은 정말 의미가 있는 삶일까?

지금 우리의 삶이 행복해서 미치겠다면 '원금 보장형'을 선택해도 뭐라 하지 않겠다. 그러나 행복한 삶도 아닌데, 여전히 두렵다면 어떻게 해야 하겠는가? 원금 보장형 인생은 달리 말해 '평생 따분형 인생'이다.

혹시 당신의 인생도 객관식입니까?

장 교수는 자신의 글에서 자신의 과목을 수강한 서울대 사회과학대학 2007학번 학생 88명을 대상으로 행한 장래희망 설문 결과를 공개했다. 처음에 그는 설문 결과를 보고 깜짝 놀랐다고 한다. '장래희망에 대해서 쓰시오'라는 주관식 질문을 학생들은 깔끔하게 네 가지의 답변으로 수렴했기 때문이다. 마치 객관식 질문이었던 것처럼 이들은 진학 및 유학, 고시, 언론, 기업 등 4개의 장래희망을 벗어나지 못했다. 그는 수업시간에 발표하면서 눈물을 흘렸던 한 학생의 말을 인용한다.

서울대에 들어온 것이, 날개가 아니라 족쇄였어요. 대학에 들어오니 당연히 무슨 과에 진입하겠지, 진입하고 나면 당연히 고시에 합격하겠지, 했지만 막상 제 꿈을 펼칠 기회는 없어요. 성취하면 할수록 족쇄는 더 커질 뿐이에요. 고시에 붙고 나면 지금보다 더 심해질 거라고 생각해요.

우리가 택할 길이 네 가지밖에 없다고 누가 가르쳤을까? 날개는 있지만, 어쩌면 우리는 그렇게 내일을 어리석게 희망하고 있는지도 모른다. "안전하다는 것은 지루하다는 말이다"라고 인사이드 경영대학의 석좌 교수 헤르미니아 이바라는 지적한다. 위기의 청년 시대, 출구는 길 밖, 지도 밖에서 찾아야 한다. 원금 그대로 갈 것인가? 잠재 수익을 실현할 것인가? 인생은 사지선다형 객관식이 아니다. 인생이란 수많은 도전이라는 문제에 저마다의 생각과 행동으로 답변해야 하는 주관식 시험이다.

여러분의 〈스토리워즈〉를 응원하며

스토리가 스펙을 이기는, 〈스타워즈(Starwars)〉보다 더 흥미진진한 〈스토리워즈(Storywars)〉가 시작됐다. 책을 마무리하는 시점에서 때마침 서울에 있는 한 사립 대학교의 학생이 올린 대자보를 보고 묘한 감정이 교차했다. 내가 '스토리워즈의 출사표'라고 명명한 그 글을 이곳에도 옮겨본다.

오늘 나는 대학을 그만 둔다. G세대로 '빛나거나' 88만원 세대로 '빛내거나', 그 양극화의 틈새에서 불안한 줄타기를 하는 20대. 그저 무언가 잘못된 것 같지만 어쩔 수 없다는 불안과 좌절감에 앞만 보고 달려야 하는 20대. 그 20대의 한 가운데에서 다른 길은 이것밖에 없다는 마지막 남은 믿음으로.
이제 나의 이야기를 시작하겠다.
이것은 나의 이야기이지만 나만의 이야기는 아닐 것이다. 나는 25년 동안 경주마처럼 길고 긴 트랙을 질주해왔다. 우수한 경주마로, 함께 트랙을 질주하는 무수한 친구들을 제치고 넘어뜨린 것을 기뻐하면서, 나를 앞질러 달려가는 친구들 때문에 불안해하면서. 그렇게 소위 '명문대 입학'이라는 첫 관문을 통과했다.

그런데 이상하다. 더 거세게 나를 채찍질 해봐도 다리 힘이 빠지고 심장이 뛰지 않는다. 지금 나는 멈춰 서서 이 경주 트랙을 바라보고 있다. 저 끝에는 무엇이 있을까? '취업'이라는 두 번째 관문을 통과시켜 줄 자격증 꾸러미가 보인다. 너의 자격증 앞에 나의 자격증이 우월하고 또 다른 너의 자격증 앞에 나의 자격증이 무력하고, 그리하여 새로운 자격증을 향한 경쟁 질주가 다시 시작될 것이다. 이제야 나는 알아차렸다. 내가 달리고 있는 곳이 끝이 없는 트랙임을. 앞서 간다 해도 영원히 초원으로는 도달할 수 없는 트랙임을.

이제 나의 적들의 이야기를 시작하겠다.

이 또한 나의 적이지만 나만의 적은 아닐 것이다. 이름만 남은 '자격증 장사 브로커'가 된 대학, 그것이 이 시대 대학의 진실임을 마주하고 있다. 대학은 글로벌 자본과 대기업에 가장 효율적으로 '부품'을 공급하는 하청업체가 되어 내 이마에 바코드를 새긴다. 국가는 다시 대학의 하청업체가 되어, 의무교육이라는 이름으로 12년간 규격화된 인간 제품을 만들어 올려 보낸다.

기업은 더 비싼 가격표를 가진 자만이 피라미드 위쪽에 접근할 수 있도록 온갖 새로운 자격증을 요구한다. 이 변화 빠른 시대에 10년을 채 써먹을 수 없어 낡아 버려지는 우리들은 또 대학원에, 유학에, 전문 과정에 돌입한다. 고비용 저수익의 악순환은 영영 끝나지 않는다. '세계를 무대로 너의 능력만큼 자유하리라'는 세계화, 민주화,

개인화의 넘치는 자유의 시대는 곧 자격증의 시대가 되어버렸다.

졸업장도 없는 인생이 무엇을 할 수 있는가? 자격증도 없는 인생이 무엇을 할 수 있는가? 학습된 두려움과 불안은 다시 우리를 그 앞에 무릎 꿇린다. 생각할 틈도, 돌아볼 틈도 주지 않겠다는 듯이 또 다른 거짓 희망이 날아든다. "교육이 문제다, 대학이 문제다"라고 말하는 생각 있는 이들조차 우리에게 이렇게 말한다.

"성공해서 세상을 바꾸는 '룰러'가 되어라."

"네가 하고 싶은 것을 해. 나는 너를 응원한다."

"너희의 권리를 주장해. 짱돌이라도 들고 나서!"

그리고 칼날처럼 덧붙여지는 한 줄, "그래도 대학은 나와야지."

그 결과가 무엇인지는 모두가 알고 있으면서도. 큰 배움도 큰 물음도 없는 '대학大學' 없는 대학에서, 나는 누구인지, 왜 사는지, 무엇이 진리인지 물을 수 없었다. 우정도 낭만도 사제 간의 믿음도 찾을 수 없었다. 가장 순수한 시절, 불의에 대한 저항도 꿈꿀 수 없었다. 아니, 이런 건 잊은 지 오래여도 좋다.

그런데 이 모두를 포기하고 바쳐 돌아온 결과는 정말 무엇이었는가. 우리들 20대는 끝없는 투자 대비 수익이 나오지 않는 '적자 세대'가 되어 부모 앞에 죄송하다.

젊은 놈이 제 손으로 자기 밥을 벌지 못해 무력하다. 스무 살이 되어서도 내가 뭘 하고 싶은지 모르고 꿈을 찾는 게 꿈이어서 억울하다. 이대로 언제까지 쫓아가야 하는지 불안하기만 한 우리 젊음이 서글프다. 나는 대학과 기업과 국가, 그리고 대학에서 답을 찾으라는 그들의 큰 탓을 묻는다. 깊은 분노로. 그러나 동시에 그들의 유지자가 되었던 내 작은 탓을 묻는다. 깊은 슬픔으로. '공부만 잘하면' 모든 것을 용서받고, 경쟁에서 이기는 능력만을 키우며 나를 값비싼 상품으로 가공해온 내가 체제를 떠받치고 있었음을 고백할 수밖에 없다. 이 시대에 가장 위악한 것 중에 하나가 졸업장 인생인 나, 나 자신임을 고백할 수밖에 없다.

그리하여 오늘 나는 대학을 그만둔다. 아니, 거부한다.

더 많이 쌓기만 하다가 내 삶이 한 번 다 꽃피지도 못하고 시들어 버리기 전에. 쓸모 있는 상품으로 '간택' 되지 않고 쓸모없는 인간의 길을 '선택' 하기 위해. 이제 나에게는 이것들을 가질 자유보다는 이것들로부터의 자유가 더 필요하다. 자유의 대가로 나는 길을 잃을 것이고 도전에 부딪힐 것이고 상처 받을 것이다. 그러나 그것만이 삶이기에, 삶의 목적인 삶, 그 자체를 지금 바로 살기 위해 나는 탈주하고 저항하련다.

생각한 대로 말하고, 말한 대로 행동하고, 행동한 대로 살아내겠다는 용기를 내련다. 학비 마련을 위해 고된 노동을 하고 계신 부모님이 눈앞을 가린다. "죄송합니다. 이때를 잃어버리면 평생 나를 찾지 못하고 살 것만 같습니다." 많은 말들을 눈물로 삼키며 봄이 오는 하늘을 향해 깊고 크게 숨을 쉰다.

이제 대학과 자본의 이 거대한 탑에서 내 몫의 돌멩이 하나가 빠진다. 탑은 끄떡없을 것이다. 그러나 작지만 균열은 시작되었다. 동시에 대학을 버리고 진정한 대학생(大學生)의 첫발을 내딛는 한 인간이 태어난다. 이제 내가 거부한 것들과의 다음 싸움을 앞에 두고 나는 말한다.

그래. "누가 더 강한지는 두고 볼 일이다."

이런 빡빡한 글을 쓰기까지 그는 얼마나 큰 격분을 느껴야만 했을까. 이 글을 읽으며 새삼 불편하고 껄끄러운 생각을 하게 된다. 그것은 마치 한참 재밌게 게임도 하고 TV도 보며 그 순간에 몰입하던 '사형수'들에게, 어떤 '미친 사람'이 "우린 사형수야. 언제 죽을지 모른다고!"라고 외쳐 분위기를 망치는 것과 같다. 사실 우리는 삶이라는 시한부 인생을 살아가고 있다. 언제 호출될지 모르는 그 긴박한 상황 속에서도, 경쟁하고 앞서나가려 한다. 그렇게 스스로 '상품'이 되지만, 수많은 다른 '상품'들과 함께 경쟁하기 위해, 스스로 '저가' 정책을 써서 '간택'을 받으려하지만, 시간이 흐를수록 나보다 젊고 뛰어난 '상품'들이 나를 밀치고 들어온다.

넓고 넓은 초원 위, 모든 방향이 길이고, 모든 걸음이 길이다. 사람들이 많이 다닌 곳으로 닦인 길은 우리를 안전한 곳으로 인도할 것이라 약속하는 듯 보이지만, 이미 그 길을 다녀온 다수의 무리에 의해 "그 길은 항상 행복으로 이어지지 않는다"는 사실이 밝혀졌다. 하지만 여전히 "길은 그 길밖에 없지 않느냐"라고 많은 사람들이 말한다.

그런데 그 넓은 길이 수많은 사람들이 몰리면서 오히려 좁고 좁은 길이 되었다. 앞으로 나서기 위해, 앞서 가는 누군가를 추월해야 한다. 그 끝엔 '소수의 선택된 자만이 통과할 수 있는' 관문이 있다. 뒤로 돌아가려해도 계속 밀려오는 사람들 때문에 움직일 수 없다. '관문'이 아니면 '낭떠러지'다.

초원은 모든 방향이 내 갈 길이다. 물론 내가 '길'이라 생각했던 그 길의 경계가 흐릿해지고, 모호해지면서 불안해질지도 모른다. 그러나 경계가 사라지는 순간, 모든 길의 방향이 눈에 들어오기 시작한다. 더 이상 '그래도 대다수 사람들이 선택했으니 뭔가 안전하지 않겠어?'라는 속임수에 속지 않아도 된다. 경쟁이 아니라 생존을 위해, 나의 삶을 위해 내 길을 갈 뿐이다. 살아 있는 나침반은 온몸을 떨면서 북극을 가리킨다. 떨림과 불안은 우리가 살아 있다는 증거이기도 하다.

스토리는 스펙을 이긴다. 우리에게는 누구나 고유한 잠재력이 있다. 스펙의 눈을 통해서는 깨닫지 못하는 것이다. 자격증 획득과 학점 관리, 토익 성적과 같은 '숫자' 상의 이력으로는 절대 드러나지 않는 것이 있다. 스토리를 통해 고유한 재능과 잠재력을 발견해 보라.

스펙을 무장 해제시키는 방법은 간단하다. 스펙의 생존 조건은 '1등'이 있어야 하고, 그러기 위해서는 '꼴찌' 역할을 하는 들러리들이 많아야 한다. 스펙의 무한 도전 '트랙'에서 스스로 자유를 선포하고 나의 이야기를 만들어갈 때, '트랙'에는 쓸쓸한 1등만이 남게 될 것이다. '꼴찌'가 없는 1등은 1등이 아니고, 그건 '스펙'으로서 아무런 의미가 없다. 스펙에게 정당한 대우를 돌려주자. 스펙이 좋아하는 '최고'로 맞서지 말고, 그들을 무용지물로 만드는 '유일'로 승부하자.

대자보의 주인공은 우리를 대변해 '누가 더 강한지는 두고 볼 일이다'라고 말했다. 그도 알고, 나도 알고, 우리도 알고 있다. 누가 강한지를. 강하다 못해 이길 수밖에 없음을. 우리 모두는 우리의 인생을 담은 영화 〈스토리워즈〉의 주인공이다. 〈스타워즈〉의 결말을 알듯이 〈스토리워즈〉의 결말도 우리는 알고 있다. 결국 스토리가 스펙을 이긴다.

대학원 졸업 직전인 2006년 4월 9일의 내 일기에는 문장이 아니라 다음과 같은 단어들이 파편적으로 적혀 있었다. "재정적 어려움, 인간관계와 진로 방향에 대한 걱정, 비교, 우울. 인턴십 실패." 내게도 스펙의 망령을 따라 살았던 적이 있었다. 매 시각 분초를 다투며 우월과 우울의 경계를 왔다 갔다 하던 그 때의 기준은 타인이었다. 나보다 '못난 사람'을 보면 우쭐했고, 나보다 '잘난 사람'을 보면 의기소침했다. 그러다 어느 순간 깨닫게 되었다. 언제 어디서나 나는 나보다 '잘난 사람'을 만나야 한다는 사실을. 그 뒤로 내 일기는 달라졌다. 내 잠재력이 개발된 스토리, 가슴을 설레게 하는 도전에 대한 스토리, 만났던 멋진 다른 이의 스토리로 일기가 바뀌었다. 실패도 보물 같았다. 나의 성장과 역량을 홍보하는 멋진 소재가 되어 주었다. 일상에서 보고 듣고 경험하는 모든 것들도 새롭게 다가왔다.

나는 지금 행복하다. 나에겐 내 꿈과 나만의 스토리가 있다. 주변의 사람들에게 경쟁심이나 질투를 느낄 필요도 없다. 그리고 다른 사람들의 꿈을 적극 지원할 수 있다. 그의 꿈을 돕는 것이 결국 내 꿈을 이루는 하나의 방법임을 나는 믿는다. 스토리이니까 가능하다.

성공을 단념하자 내가 성장하기 시작했다. 비교를 멈추자 구별되기 시작했다. 최고를 포기하자 유일의 길로 나아갔다. 상품을 포기하자 작품으로 변해갔다. 욕망을 내려놓자 만족이 찾아왔다. 경쟁을 피하자 공존이 가능했다. 그리고 마침내 기회가 찾아왔다.
스토리가 스펙을 이긴다.

지은이
후기

　2001년 본격적인 글쓰기를 시작하면서 올해가 딱 10년이 되는 시점이다. 어떤 분야든 '10년 1만 시간'을 확보하면 새로운 관점과 도약이 가능하다고 했는데, 이 책을 쓰면서 그런 변화를 느꼈다. 물론 개인의 노력을 떠나 이러한 혜택은 외부의 지원과 기회로부터 온다는 것을 나는 안다. 내가 초등학교 2학년 때였다. 수업이 끝나던 어느 오후 담임선생님이 나를 불렀다. "정태야, 넌 글쓰기에 소질이 있구나. 앞으로도 계속 글쓰기를 해보렴." 선생님은 내게 당시 유행했던 '5단 자동필통'을 선물로 주셨다. 그 한마디가 내 잠재력에 불을 붙였다. 이 책도 누군가에게 그런 격려가 되었으면 하는 바람이다.

　이 책을 쓰면서 많은 분들의 지혜와 스토리를 참고했다. 특히 역량 부분은 유엔의 8대 핵심 역량을 토대로 쓴 글이다. 글로벌 시대에 있어 어떤 조직이나 기관이든 해당 역량은 가장 기본적인 것이라고 생각했다.

이 책에는 분량 등의 이유로 내 개인적인 스토리를 더 많이 포함시키지 못했다. 내 개인적인 스토리는 《청년, 세계를 편집하다(Edit the World)》란 제목으로 써나가고 있다.

무엇보다 가장 기대가 되는 것은 역시 여러분의 스토리다. 가장 사람들이 듣고 싶어 하고, 관심 있어 하는 것은 당신의 스토리라는 것을 기억할 것이다. 여러분의 멋진 스토리가 있다면 전자우편(story.wins@gmail.com)으로 보내주셔도 좋다. 앞으로 마련될 블로그(www.storywins.com)를 통해 확산이 이루어질 수 있을 것이다. 무엇보다 여러분의 스토리가 다른 이들의 스토리를 도울 것이다.

글을 쓰도록 시간을 배려해준 아내 오사라와, 아빠와의 놀이 시간을 양보해준 한결이에게 미안하면서도 감사의 마음을 전한다. 주중에 고향에서 올라와서 맞벌이 자녀부부를 도와주신 어머니께도 감사를 드린다. 그리고 보잘 것 없었던 한 청년에게 '네 달란트가 많다'며 격려해 주시는 나의 진정한 '캐퍼빌리티 브라운' 하나님께도 감사를 드린다.

2010년 3월
단호글방에서 김정태

스토리가 스펙을 이긴다

초판 1쇄 발행 2010년 3월 31일
초판 37쇄 발행 2025년 7월 18일

지은이 김정태

발행인 윤승현 **단행본사업본부장** 신동해
마케팅 최혜진 이인국 **홍보** 반여진 허지호 송임선
제작 정석훈 **디자인** Design co*kkiri

브랜드 갤리온
주소 경기도 파주시 회동길 20
문의전화 031-956-7366(편집) 031-956-7089(마케팅)
홈페이지 www.wjbooks.co.kr
인스타그램 www.instagram.com/woongjin_readers
페이스북 https://www.facebook.com/woongjinreaders
블로그 blog.naver.com/wj_booking

발행처 ㈜웅진씽크빅
출판신고 1980년 3월 29일 제406-2007-000046호.

© 2010 김정태 (저작권자와 맺은 특약에 따라 검인을 생략합니다)
ISBN 978-89-01-10643-4 03320

갤리온은 ㈜웅진씽크빅 단행본사업본부의 브랜드입니다.
이 책은 저작권법에 따라 보호를 받는 저작물이므로, 무단전재와 무단복제를 금지하며,
이 책 내용의 전부 또는 일부를 이용하려면 반드시 저작권자와 ㈜웅진씽크빅의 서면동의를 받아야 합니다.

• 잘못된 책은 구입하신 곳에서 바꾸어 드립니다.
• 책값은 뒤표지에 있습니다.